マクダウェルの倫理学

——『徳と理性』を読む

satoshi ogihara

McDowell *on* Ethics

荻原 理

keiso shobo

マクダウェルの倫理学

『徳と理性』を読む

目次

第六章　「二種類の自然主義」……147

第七章　「非認知主義と規則順守」……165

凡例

- 本書におけるマクダウェルとブラックバーンからの引用は、論旨との対応をより見やすくすることを意図して、すべて拙訳とした。そのため、『徳と理性——マクダウェル倫理学論文集』（大庭健編・監訳、勁草書房、二〇一六年）および『倫理的反実在論——ブラックバーン倫理学論文集』（大庭健編・監訳、勁草書房、二〇一七年）の訳文とは異なる場合がある。両者に収録されている論文については、引用の末尾に対応するページ数を示した。
- 引用文中の〔 〕は、訳者による訳注あるいは補足を示す。意味のとりやすさを考慮して、原書にない〈 〉を補った場合がある。

序　章　マクダウェルの輪郭

倫理学（＝道徳哲学）の諸問題をめぐるジョン・マクダウェルの思考を紹介することが本書の目的である。ただし紹介とはいっても、その過程でおのずと筆者自身のさまざまな見解を述べることにもなる。

1

まずはマクダウェルの略歴から。[1]

一九四二年三月七日、当時の南アフリカ連邦（一九六一年以降は南アフリカ共和国）のボクスバーグ[2]に生まれる。

一九六〇～二年、当時のローデシア・ニヤサランド連邦（現在はザンビア、ジンバブエ、マラウイ）のユニヴァーシティ・コレジ・オヴ・ローデシア・アンド・ニヤサランドに学び、一般教養の学士号を取得。英国政府の管理下にあったこの大学は現在のジンバブエ大学の前身である。

続いて英国オクスフォード大学ニュー・コレジに学び、一九六五年に学士号、六九年に修士号を取得した。チュータ（個人指導教師）はデイヴィド・ウィギンズであった。(3)

マクダウェルは一九八六年まで同大学で研究し教え（職名はフェロウなど）、かたわら、米国のハーヴァード、ミシガン、カリフォルニア・ロサンジェルス、ミネソタ、プリンストンや、インドのジャダプールの諸大学で訪問教員も務めた。一九八三年より英国学士院（British Academy）会員。一九八六年以降、米国ピッツバーグ大学の教授（八八年まではプロフェッサ・オヴ・フィロソフィ、それ以降は、より名誉あるユニヴァーシティ・プロフェッサ）。一九八八年より、オクスフォード大学名誉教授。一九九一年、同大学にてジョン・ロック講義を担当。一九九二年より米国学芸科学アカデミ（American Academy of Arts and Sciences）会員。英国籍を保持。

2

マクダウェルの主な関心は、ギリシャ哲学、言語哲学、心の哲学、形而上学・認識論、倫理学にわたる。(4)ただし、こうした領域の区分は一応のものでしかない。マクダウェルのものも含め哲学の議論はしばしば領域をまたぐからだ。

倫理学上、マクダウェルはどのような立場を取っているか。

便利だから何かラベルを貼ってほしい、という方もあるかもしれない。それなら、有名でもありご期待にそえそうな二枚がある。「徳倫理学」と「道徳的実在論（認知主義）」である。[5]「道徳的個別主義」を加えてもよい。ここですかさず説明や留保を付けたくなるが、いまはぐっとこらえて、以上三枚のラベルを掲げるだけにしておく。

マクダウェルの倫理学的議論にはどんな特徴があるか。倫理学の領域に限ったことではないが、マクダウェルが取り組んでいるのは基本的に、ある根強い近現代的[6]偏見の「治療」だと言える。[7]実際マクダウェルの議論は、「分析哲学」のスタイルでなされてきた近現代哲学批判のうちで最も鋭いものの一つだと思う。

以上、あまりにおおざっぱに述べたことの意味を本書で追い追い説明していきたい。

3

マクダウェルの主な刊行物を挙げておく。本書のテーマを特定するためにも、まずそうするのが好都合なのだ。いささか恣意的かもしれないが、マクダウェルの単著に限ることにする。

(ア)プラトン『テアイテトス』（テーマは「知識とは何か」）の翻訳・註解（クラレンドン出版、一九七三年)。クラレンドン・プラトン・シリーズの第一冊。

(イ)『心と世界(*Mind and World*)』(ハーヴァード大学出版局、一九九四年。序論を付した第二版、一九九六年)[8][9]。一九九一年のジョン・ロック講義の書籍化。

マクダウェルが一九九八年までの二十数年間にあちこちで発表した論文のうち三六本は以下の二巻の論文集にまとめられた(ハーヴァード大学出版局、一九九八年)。

(ウ)『心、価値、実在(*Mind, Value, and Reality*)』(全一七論文)

(エ)『意味、知識、実在(*Meaning, Knowledge, and Reality*)』(全一九論文)

まずおおざっぱに言えば、倫理学や心の哲学の論文は(ウ)に、言語哲学と形而上学・認識論の論文は(エ)に収める、という基本方針によったと思われる。

もう少し詳しく言えば、(ウ)『心、価値、実在』に収められた一七論文は目次上、次の四つの「グループ」に分けられている。

第一グループ「ギリシャの倫理学」

第二グループ「理性、価値、実在」

第三グループ「ウィトゲンシュタインにおける諸問題」
第四グループ「心と自己」

また、(エ)『意味、知識、実在』所収の一九論文は次の四グループに分けられている。

第一グループ「意味、真理、理解」
第二グループ「指示、志向、諸世界」
第三グループ「実在論と反実在論」
第四グループ「認識論の諸問題」

このうち本書の主題となるのは、(ウ)『心、価値、実在』に収められた一七本のうち七本の論文である。すなわち、第一グループ「ギリシャの倫理学」に収められた三本のうちの一本と、第二グループ「理性、価値、実在」に収められた七本のうちの六本である。マクダウェルのもう二冊の単著をさっと紹介してしまってから、この話に戻ってくることにしよう。

二〇〇九年に以下の二冊の論文集がハーヴァード大学出版局から刊行された。

(オ)『埋め込まれた知性(*The Engaged Intellect*)——哲学論文集』(全一九論文)[10]

(カ)『世界を見据えて（*Having the World in View*）――カント、ヘーゲル、セラーズについての論文集』（全一四論文）

4

(ウ)論文集『心、価値、実在』の最初の三グループに収められた論文のタイトルを見ておこう（第四グループは本書と関係が薄いので省略する）。

第一グループ「ギリシャの倫理学」

1. アリストテレス倫理学におけるエウダイモニアの役割
2. アリストテレスの道徳心理学におけるいくつかの問題
3. 徳と理性

第二グループ「理性、価値、実在」

4. 道徳的要求は仮言命法か(11)
5. 外在的理由はありうるか
6. 美的価値、客観性、そして、世界という織物
7. 価値と第二性質

8．倫理学における投射と真理
9．二種類の本性主義(12)
10．非認知主義と、規則に従うこと(13)
第三グループ「ウィトゲンシュタインをめぐる諸問題」
11．規則に従うことについてのウィトゲンシュタインの議論(14)
12．後期ウィトゲンシュタイン哲学における意味と志向性
13．私的言語の議論における一つの道筋
14．ウィトゲンシュタインにおける志向性と内面性

本書が主に紹介するのは、3、4、5、7、8、9、10の七論文である。これらの論文は、マクダウェル著、大庭健監訳『徳と理性――マクダウェル倫理学論文集』（勁草書房、二〇一六年）に採録されているすべての論文である（つまり『徳と理性』は(ウ) *Mind, Value, and Reality* からの抄訳である）。その意味で本書は『徳と理性』の姉妹本、解説書だと言える。だが、本書だけ読んでも理解できるように書こうと努めた。

たしかに、『徳と理性』にも、大庭健による「監訳者まえがき」や解説「マクダウェル倫理学の文脈と射程」が収められている。これらは実に有用であると同時に、実に簡潔である。だから、本書のような、より詳細な解説にも存在意義があると思う(15)。

5

ここで、マクダウェルの短いテクストを紹介しておきたい。(ウ)『心、価値、実在』の「序文」の第五・第六段落である。それぞれ、第一グループ「ギリシャの倫理学」の諸論文、第二グループ「理性、価値、実在」の諸論文の意図や主張を要約したものだ。だからここで、本書で解説するマクダウェルの主要な論点の多くを挙示し導入することになろう。

『心、価値、実在』「序文」第五段落

『心、価値、実在』「序文」第五段落でマクダウェルはまず、第一グループの三論文が取り組む問題を、「ソクラテス、プラトン、そして特にアリストテレスの倫理学のいくつかの中心的主張をどう解釈すべきか」の問題と特定する。つまり、1「アリストテレス倫理学におけるエウダイモニアの役割」、2「アリストテレスの道徳心理学におけるいくつかの問題」、3「徳と理性」の課題は基本的に、アリストテレス(ら)のテクストの解釈という哲学史的作業だとされている。

ただしマクダウェルは、彼が解するような、古代倫理学の中心的主張に賛同している(賛同する点を取り上げている)。だからこれらの論文でマクダウェルは、倫理学上の彼自身の立場を打ち出してもいるのである。

マクダウェルは続ける。

私の見るところ、ギリシャ倫理学に対するわれわれの理解は、合理性についての近現代的偏見によって、あるしかたで歪められる傾向にある。この傾向に抵抗することが、これらの論文における私の主な狙いなのだ。

つまりある意味で、第一グループの諸論文の真の標的は「合理性についての近現代的偏見」だと言える。この根深い偏見は近現代の古代哲学研究者にも共有されており、そのアリストテレス解釈を歪めている。そこでマクダウェルは、アリストテレス解釈をただすなかで、合理性についての近現代的偏見を暴き出し、この偏見に代わるべき真にアリストテレス的な見解を提示しようとしているのだ。

では(1)マクダウェルが抵抗する「合理性についての近現代的偏見」とは何か。そして(2)この近現代的偏見のせいで、ギリシャ倫理学に対するわれわれの理解はどう歪められがちだというのか。『心、価値、実在』「序文」第五段落の続きでマクダウェルはまず(2)を説明する。初めに、続く箇所を引用し、次にこれを敷衍しよう。

ギリシャの哲学者は、徳の生は理性に従う生である、という趣旨のことを言う。ギリシャの哲学者はそのとき次のように考えているに違いない、と近現代の注釈家たちは解釈しがちである。すなわち、そのような生は〔理性に従う生なのだから、〕生きるに値するものとして推奨されるわけだが、その推奨は、〔推奨の相手が持っているとすれば持っている、〕習慣付けによって備わる特定の傾向性――ある種の行為をしたいと思い、ある別の種類の行為はしたくないと思うような傾向性――に訴えかけなくてもなしうる、と〔ギリシャの哲学者が考えているに違いない、と近現代の注釈家たちは解釈しがちなのである〕。習慣付けによって備わるこうした傾向性とは、人柄の徳についてのアリストテレスの議論などに登場する、人の気質の特性のことである。

ソクラテスやプラトンやアリストテレスら、ギリシャの哲学者は「徳の生」を推奨する。徳とは、人がそれを持っていることによって道徳的・倫理的[16]によい人であるような、人〔の魂・心〕のあり方である。徳の生とは、だから、よい人の生である。すなわち、人が徳を身につけ、徳を発揮して生きる生である。ギリシャの哲学者は徳の生を推奨するにあたり、それは理性に従う生であり、したがって生きるに値する、という趣旨の発言をしている。こうした発言の受け取り方に、二通りある。受け取り方の違いは、「ある種の行為をしたいと思い、ある別の行為はしたくないと思うような傾向性」の果たす役割をどう理解するかに関わる。まずこの「傾向性」について説明しよう。

人の性格・人柄はさまざまだ。大胆な人もいれば、慎重な人もいる。明るい人も、暗い人もいる。徳とは、倫理的・道徳的に優れた人柄であり、悪徳とは、その反対の人柄である。「徳」や「悪徳」と一般的に語られることもあるし、さまざまな徳〔勇気、節制、正義など〕やさまざまな悪徳〔臆病、放埒、不正など）が語られることもある。たとえば勇気とは、きわめておおざっぱに言えば、〈人がともすれば恐怖にひるんでしまいかねないような場面で、恐れず、なすべきことをなすような傾向性〉であり、節制とは、〈人がともすれば快への欲求に引きずられて、してはならないことをしてしまいかねないような場面で、そうはならないような傾向性〉だと言えよう。勇気ある人は、勇気が試されるような機会ごとに、勇気ある行為をしたいと思う。そして、臆病な行為などは、みっともないからしたくないと思う。他方、臆病な人は、「勇気がある」とみなされるような行為は、恐ろしさのためになしえず、「臆病だ」と非難されるような行為に走ってしまう。

アリストテレスらは、こうした倫理的な人柄も、他の人柄と同様、「習慣付けによって備わる」と考える。人は通常、幼少の頃から、勇気ある行為をし、臆病な振舞いはしないよう、周囲の人々から期待され、賞罰を通じて誘導される。そのような倫理的しつけの場面で、子供が見事、勇気ある行為を繰返し行なっていくうちに、勇気ある行為をするような習慣・傾向性がその子に備わってくる。はじめのうちは、目先の賞罰だけを気にかけて、期待される行為をなしているだけかもしれないが、そのうちに、勇気ある行為をなすこと自体に価値（素晴らしさ）を認めるようになる。他方、勇気ある行為をしそこなうことを重ねていくうちに、臆病な人になっていく。勇気・臆病以外の徳・悪徳についても同様である。人の気質の特性が「習慣付けによって備わる」とは、以上のようなことである。

徳を獲得している人や、徳という理想的状態には至らないまでも、それに向けてある程度以上倫理的習慣付けの歩みを進めている人は、有徳な行為がそれ自体として持つ価値（すなわち、有徳な行為の内在的価値）を見て取るようになっている。そして、有徳な行為を生み出す傾向性としての徳の内在的価値も感得している。他方、そうでない人には、徳や有徳な行為にそのような価値があるということがわからない。

ここでようやく、さきほどから述べている点に戻る。アリストテレスらは、徳の生は理性に従う生であり、したがって、生きるに値する、と言って徳の生を推奨しているが、そのさい、次の二つの可能性のうちのどちらなのか。徳の生のそうした推奨は、(ア)徳の獲得に向けて倫理的習慣付けの道をある程度以上進んでいる人を相手に、その習慣付けの成果である、徳の内在的価値の認識をあてにして、なされているのか。それとも、(イ)人がどんな倫理的習慣付けを受けているかにかかわらず、およそ言語を理解し論理的思考をなしうるすべての人に受け入れてもらえるはずのものとしてなされているのか。

近現代の古代哲学研究者たちは概して(イ)のように理解しているが、実は(ア)なのだ。これが、右の引用箇所でマクダウェルが言っていることである。

『心、価値、実在』「序文」第五段落の叙述をさらに続けてマクダウェルは、(1)彼が抵抗する、合理性についての近現代的偏見とは何かを説明する。「近現代の注釈家たちがこう考えがちであるのは、一方の理性と、他方の、性格のよりあからさまに「自然的」な側面との二元論を反映してのことである」とマクダウェルは言う。近現代的偏見にほかならないこの二元論によれば、「ある種の行為をしたいと思い、ある別の種類の行為はしたくないと思う、習慣付けによって備わる傾向性」などというものは、人の性格のたんに「自然的な」——すなわち、幼児や人間以外の動物も持つような——側面にすぎず、理性とは別次元のものだ、とされる。これに対してマクダウェルによれば、実践理性（行為の場面ではたらく理性）はまさに、習慣付けによって備わる、ある特定の行為をしたいと思うような傾向性（完全な形態としては徳）として実現するのだ。

マクダウェルは続ける。

思うに注釈家たちはその二元論のせいで、ギリシャの倫理学的反省から有益なことを学ぶ可能性を逃してしまっている。つまり、〝もしそのような二元論への圧力が優勢を占めていない風土において性格、理性、行為について考えたとしたら、どうなっていたか〟を、ギリシャとは違うわれわれの俯瞰点に立ちつつも、できるだけ理解する可能性を逃してしまっているのだ。われわれの知的風土においてはそのような二元論への圧力が優勢を占めており、この点で後戻りはできない。だが、ギリシャ哲学における、私が考察する特徴は、私が奨めるように読解すれば、われわれでさえその圧力に抵抗できることを明らかにする助けになるのだ。

この箇所に特にコメントは必要ないだろう。

ここで確認しておきたいのは、『心、価値、実在』の第一グループの諸論文（本書で取り上げるのはそのうち3「徳と理性」）で俎上に載せられている二元論が、近現代の知的風土を生きるわれわれのうちに深く根付いているということだ。この事情は、第一グループの諸論文（だけではないが）を理解しにくくしている一因である。だがマクダウェルは、困難に負けずに、読者に理解をもたらそうと試みる。そこで彼が訴える武器は「分析哲学」的なスタイルの議論である。本書が注意を向けるのも、マクダウェルのそうした議論に他ならない。

『心、価値、実在』「序文」第六段落

続いて、『心、価値、実在』「序文」第六段落を見よう。同論文集の第二グループ「理性、価値、実在」の七論文の意図を記したものだ。マクダウェルは言う、「第二グループの諸論文は、（第一グループほど）直接には古代のテクストに依拠していないが、ソクラテス的伝統に立つ倫理学的反省の精神、と私が解するものを湛えている」と。つまり第二グループの諸論文は、古代哲学研究の体裁を取っていない点で第一グループと異なるものの、基本的に同じ「ギリシャ的」な視点に貫かれているというのだ。

それがどういうことかをマクダウェルは次のように説明する。第二グループの諸論文の「焦点は一つには、道徳心理学にある。特に、倫理的性格から発する行為における、理性の役割をどう考えるべきかに関わる」。道徳心理学とは、道徳・倫理に関わるしかたで心がどう働くかについての考察である。いま『心、価値、理性』「序文」第五段落で見たように、この点についてのマクダウェルの立場は次のものだ。(ア)よい倫理的性格である徳は、理性にそくしている。かつまた、(イ)実践理性は、習慣付けによって備わる倫理的性格という形でしか成立しない。

こうした立場をマクダウェルは、やや違う視点から言い換えてみせる。まず(ア)に関連して、マクダウ

エルは言う。

理性と客観性の間には自然な結びつきがある。ただしここで客観性というのは、物事を正しく捉える、という以上の考えを含まない、野心的でない意味での客観性である。したがって、〔倫理的性格から発する行為における、理性の役割という〕その一般的なテーマは、形而上学的な――やはり野心的でない意味で形而上学的な――側面を持つ。だから、これらの論文のうちのいくつかは、「道徳的実在論」と呼ばれてきたものの一つのヴァージョンを擁護している、と受け取ってくれてよい。

一般に理性とは、物事を正しく――その意味で客観的に――捉える能力である。だから理性の働きうるところ、理性によって正しく捉えられるべき事態が成立しているはずだ。したがって、もし倫理的な実践や判断が理性の働きの一種として理解されるのなら、倫理的認識の対象である倫理的事実が世界に成立しているのでなければならない。実際マクダウェルは、「いまここで、〔道徳的に言って〕こうすべきだ」、「この行為は道徳的に正しい」といった事実が世界のうちに成立している、という立場を取る。「これは道徳的に正しい」という事実が成立していると考えることは、道徳的正しさのような道徳的性質が実在する〔世界のうちに存在する〕と考えることを含意する。つまり「道徳的実在論」である。この主張は、世界のうちに何が存在し、何が存在しないのかの問いに関わるという意味で、形而上学上の主張である。

ただしマクダウェルは、道徳的事実や道徳的性質は、人間のものの感じ方や関心のもちように応じたありようをしている、と考える。たとえば、人間はこういうことをされると苦痛を感じるようにできているから、特別の理由がない限り人にこういうことをしてはいけない、といったたぐいの「応じかた」のことを考えればよいと思う。もしこれに反して、道徳的事実は人間のものの感じ方や関心のもちようから独立に存立している、と考えるとすれば、この道徳的実在論は「野心的」な意味で形而上学的と呼ばれえようが、マクダウェルはそのような立場にはくみしない[17]。

こうしてマクダウェルは、自らの立場が、野心的でない意味での道徳的実在論であることをひとまず認める（だからこそ論文集を『心、価値、実在』（強調引用者）と題し、その第二グループを「理性、価値、実在」（強調引用者）と題しもするのだろう）。だが、そう言うことが引き起こしかねない誤解を防ぐために、次のように続ける。

> だがそのラベルによって、次の事実が見えにくくなる恐れがある。すなわち、私が力説していることとは、肯定的であるよりむしろ否定的である、という事実である。これらの論文における私の立場は、「実在論」よりむしろ「反‐反実在論」と呼ぶほうが適切なのだ。

つまり、第二グループの諸論文の課題は、道徳的実在論は正しい、と積極的に立証すること、というよりはむしろ、道徳的実在論など正しいはずがない、というある種の決め付けは十分な根拠を欠いている、と示すことである。

では、マクダウェルが批判するその反実在論的決め付けとはいかなるものか。マクダウェルは言う。

> 私が力説するのは次のことだ。すなわち、反実在論的立場——情緒主義のような、そして、サイモン・ブラックバーンの投射説的疑似実在論〔あるいは準実在論〕にまで至るその洗練された末裔のような——は、次の明白な事実が何を意味しているかを誤解して、これに応答している、ということだ。すなわち、倫理的思考は、またより一般的に、評価的思考は、科学ではない、という明白な事実である。

「実在論」を取るマクダウェルも、反実在論（情緒主義、投射説的疑似実在論など）を取る論者も等しく認めることだが、倫理的思考（「いまここで、人としてどう振舞うべきか」、「かくかくの行為は倫理的に正しいか」などを考えること）は明らかに、自然科学の営みではない。さて、この事実は、倫理的思考の身分について何を意味するか。倫理的思考の対象は、自然科学によっては捉えられない。いま人が、世界のうちに存在する事物や性質は、究極的にはすべて、自然科学のみによって捉えられるはずだ、と想定するとしよう。その場合、倫理的思考の対象は自然科学によっては捉えられないという事実は、次のことを意味する。すなわち、倫理的思考は実在をめぐる思考ではなく、倫理的性質などというものは実在しない、ということ（反実在論）である。マクダウェルの診断によれば、実在についての右記の科学主義的想定は近現代哲学のうちに深く根付いており、多くの哲学者を反実在論に導いている。そして、この想定には十分な根拠がない、とマクダウェルは論じる。つまり、人間が実在にアクセスするルートは自然科学に限定されると決め付けるいわれはない。たとえば、倫理的価値は実在し、これにアクセスする手立ては、適切な倫理的しつけによって備わる感受能力である、ということであっても構わないではないか、と論じるのだ。

いま倫理的価値について述べたことは、美的価値にも当てはまる。「これは美しいか」、「これはどう美しいか」を考える審美的思考は、自然科学の営みではない。だが、だからといって、美的価値は世界の中に存在しないと決め付けるいわれはない。美的価値は実在し、これにアクセスする手立ては、適切な修練によって備わる審美眼である、ということであっても構わないではないか、とマクダウェルは言う。つまり右記の話は、特に倫理的価値、倫理的思考に限らず、価値一般、評価的思考一般に当てはまる。

『心、価値、実在』「序文」第六段落から引用する最後の箇所は次の通りである。これは(イ)〔倫理的実践における理性は、習慣付けによって備わる倫理的性格という形でしか成立しえない、という点〕に関わる。

この〔すなわち、倫理的思考は科学ではないという事実の〕意義の誤解は、かの二元論と同族である。すなわち、よい倫理的性格を持っている人は、人はいかに生きるべきかの問いに対する正しい答えを持つ、というアリストテレスの確信などについてのわれわれの理解を歪めがちな、かの二元論と、同族なのである。

ここで話は、先に見た『心、価値、実在』「序文」第五段落と繋がる。なぜ人は実在へのアクセス（客観性の主張）を自然科学の専売特許とみなしてしまうのか。近現代のアリストテレス解釈を歪めてきた、かの二元論――理性と、性格のより「自然な」側面との二元論――を思い出そう。一般に、世界に成立している事態を正しく捉えるのは理性の仕事である（マクダウェルも、また、問題の二元論に囚われている人たちも、そう考える）。さて、問題の二元論において、理性は、「ある種の行為をしたいと思い、別のある種の行為はしたくないと思う、習慣付けによって備わる特定の傾向性」（倫理的性格のような）とは別次元のものと考えられるのだった。この考え方は実は、合理的であることと科学的であることをイコールとみなす考え方と親和的なのだとマクダウェルは見る。

説明しよう。科学的研究に適切に従事したりその成果を正しく理解したりするために、倫理的に善人である必要はない、という事実に、かの二元論にとらわれている人は目をつける。そしてその人は、合理性を確保するにはもっぱら科学に頼ればよいのだ、と気付く。なぜなら科学は、「習慣付けによって備わる傾向性」が身に帯びる〝いい加減さ〟の汚染から免れており、その内部に留まりさえすればわれわれは安心して合理性を享受できるはずだから、というわけだ。これに対してマクダウェルは、そもそも「習慣付けによって備わる傾向性」をことごとくいい加減な代物とみなすのが偏見なのだ、と抗議するのである。

最後に補足しておけば、『心、価値、実在』の第二グループの諸論文は、表立っては、マクダウェルが同時代の哲学者たちと論争を繰り広げるものだ。4「道徳的要求は仮言命法か」と9「二種類の本性主義」では、論争の主な相手はフィリッパ・フットである。5「外在的理由はありうるか」では、バーナード・ウィリアムズ。6「美的価値、客観性、そして、世界という織物」、7「価値と第二性質」では、J・L・マッキー。[18] そして8「倫理学における投射と真理」、10「非認知主義と、規則に従うこと」では、サイモン・ブラックバーンである。こうして、本書で主に取り上げられる論者のほとんどが英連邦出身者となりはしたが、そのことに筆者は格別の意味を認めない。

6

短いながらもマクダウェルの文章をお目に掛けたところで、彼の文体について述べておこう。マクダウェルの文章は、理解するのに骨が折れる。さきほど、その一つの理由を挙げた。すなわち、マクダウェルの批判の対象が、われわれのうちに深く根付いている想定であるため、彼の議論を理解するには、われわれ自身が当然視している考え方を自覚し、かつ吟味しなければならないが、これは厄介な作業だ、という、内容に関わる事情である。マクダウェルの文章が読みにくいもう一つの理由は、ご覧の通り、極度に引き締まっているからである。論文によって難易度は異なるが、本書で扱うマクダウェル論文は概して難しい。筆者などは、何度も読み返してようやくわかってきた、という有様だ。

だが、議論の全貌をある程度摑んだり、さまざまな論点についての自分の理解を整理したりしてから読み返すと、実は明瞭に書かれていた――少なくとも、明瞭に書こうと意図し、工夫していた――とわかる。マクダウェルに衒いというものはない。むしろ、人のイメージとして、「あれ、ちゃんとそう書いたのに、わかってもらえなかったのか」と戸惑う様子が思い浮かぶ。自意識をたぎらせて晦渋な文章を綴ってみせるスタンリ・キャヴェル[19]とは異なるのだ。

大庭健監訳『徳と理性』は、その原文の訳としては読みやすさの達成を誇ってよかろう[20]。だが、端的に日本語の読み物として見た場合、正直に言って、わかりにくい部類に属する。この事実によってもまた本解説書は存在意義を持つだろう。

以下、マクダウェルの英語原著『心、価値、実在』所収の3、4、5、7、8、9、10の七論文を順次解説する。本書の章立ては、『心、価値、実在』の抄訳である『徳と理性』の章立てと対応する。論文8、10などでマクダウェルはブラックバーンの非認知主義に反対してみずからの認知主義的立場を打ち出しているわけだが、巻末に補論として、マクダウェルの立場と筆者が解するものに立って筆者がブラックバーンと交わしたやりとりを収めた。

第一章　「徳と理性」

本章ではマクダウェルの論文「徳と理性」（Virtue and Reason）の内容を紹介する。(1) 現代徳倫理学の代表的マニフェストの一つと見なされている本論文は初め、米国の『ザ・モニスト』誌第六二巻（一九七九年）七月号（テーマは「倫理学理論における人格の概念」）に発表された。(2)

本書において、「徳と理性」を紹介する本章が他の章より長いのは、この論文が倫理学上のマクダウェルのスタンスを押さえるうえで格別重要だからである。

1　「徳と理性」の課題と、徳倫理学――「徳と理性」第一節、第八節

アリストテレス・マクダウェル 対 近現代の主流倫理学――徳が先か、正しい行為が先か

以下しばらく、「徳と理性」第一節にそくしての話になる。

「徳と理性」におけるマクダウェルの課題は、倫理学についての、近現代に支配的な見方を退け、これに代わるべきアリストテレス的な見方を提示することにある。

「アリストテレス的な見方」と書いたが、より丁寧に言えば、アリストテレスのものだとマクダウェルが解する見方である。「徳と理性」は、倫理学の課題をどう捉えるべきか、徳をどう捉えるべきか、という哲学的問題に取り組むと同時に、アリストテレス倫理学をどう解釈すべきか、という哲学史研究の問題にも立ち入っている[3]。マクダウェルによれば、アリストテレス倫理学は近現代の解釈者たちからしばしば誤解されてきたが、これは主として、アリストテレスの言うことを解釈者たちが、自分たちの中に無自覚のうちに根付いている、近現代に支配的な見方に同化させつつ解釈してしまったことによる（この点は序章第5節の「『心、価値、実在』「序文」第五段落」でも述べた）。

本章で筆者が主に紹介するのは、〈マクダウェルがアリストテレスのうちに認め、かつマクダウェル自身もコミットする見解〉がいかなるものか、である。マクダウェルのアリストテレス解釈が、アリストテレス著作集のどの文言をどう読むことによって支持されるのか、という問題には基本的に立ち入ら

ない。本書において概して筆者は、哲学的テクストのマクダウェルによる解釈の妥当性は論ぜず(4)、マクダウェルの哲学的主張・議論の紹介に集中する。

では、倫理学についての、近現代に支配的な見方とはいかなるものか。それは、道徳的に行動するには人はある行動原則に従わなければならず、この行動原則を定式化することが倫理学の重要な課題である、という見方である。

この見方によれば、「正しい行動（行為）」と「徳」の二概念の間で、「正しい行動」のほうがより基本的である。というのは、ある行為が正しいとはいかなることかを解明することこそが倫理学の基本的な課題であり、その解明にさいして、「徳」の概念を持ち出さなくてもよいが、他方、「徳」はといえば、「正しい行為をなすような傾向性」として、「正しい行為」の概念を介して押さえられる、とされるからだ。

では、近現代に支配的な見方とは、具体的に、誰のどのような立場か。実は、筆者はこの点にはあまり立ち入りたくない。なぜなら、そうしたある立場として名指されうるものをそれまで取ってきた人は、マクダウェルからの批判を考慮して自らの立場を洗練させようとするかもしれず、その場合、(ア)洗練の結果、マクダウェルの批判はもはやその立場には当てはまらなくなったのか、(イ)洗練の試みは失敗に終わり、いぜんとして批判は有効なのか、それとも(ウ)たしかにマクダウェルからの批判をかわせるようになりはしたけれども、元の立場とは違うものに変わってしまったのか、という面倒くさい問題に巻き込まれるからだ。

だが一応、教科書的な理解を紹介しておこう。その理解によれば、マクダウェルが主に念頭に置いている標的は、近現代西洋倫理学の二大潮流である功利主義とカント倫理学（＝義務論）である。きわめて大ざっぱな要約になるが、功利主義によれば、道徳的に正しい行為とは、結果として最大多数の最大幸福をもたらすような行為（あるいは、〈採用の結果、最大多数の最大幸福をもたらすような行為規則〉に則った行為）である。また、カント（の一つの定式）によれば、道徳的に正しい行為とは、〈万人が採用することを人が（合理的に）望みうるような行動方針〉によってなされるような行為である。古代倫理学の復興をもくろむ徳倫理学は、近現代倫理学の第三の潮流として二〇世紀後半に登場した、というわけだ。

この教科書的な整理に対して、四つの但し書きを付けたい。第一に、論文「徳と理性」[5]でマクダウェルは、たしかに功利主義のほうは、自らの標的の代表例として名指しているものの、カント倫理学には言及していない[6]。第二に、さきほども触れた通り、近年の功利主義者やカント主義者は、マクダウェルなどからの批判を考慮して自らの立場を洗練させたりしているので、事情は「三大流派の対立」よりももっと複雑になっているかもしれない。第三に、マクダウェル自身は「徳倫理学」という呼称を、自らの立場を表すために積極的に使ってはいない。ましてや、徳倫理学なるムーヴメントのために挺身しようという使命感などさらさらない。徳倫理学「陣営」の論者の言うことだろうが、これに敵対する論者の言うことだろうが、マクダウェルは、その都度自分が問題にしている点をめぐって賛成のときは賛成、反対のときは反対するまでのことだ。

徳倫理学をめぐる右記の教科書的整理に対する第四の但し書きだが、かりに、マクダウェルらの立場は功利主義、義務論と「並び立つ」と言うとしても、並び立たせ方によってはおかしなことになる。たとえば、功利主義・カント倫理学と並び立つ以上、徳倫理学は〈行為が道徳的に正しいものであるための条件〉を明示しているはずだが、それはどのようなものか、と問われることがある。(7) だがマクダウェルが力説しているのは、まさにそのように、正しい行為の条件の明示を倫理学に期待するのがそもそも間違っている、ということなのである。やや後で、関連する点を述べる。

「徳と理性」に戻ろう。倫理学についての、近現代に支配的な見方とは反対に、マクダウェルがアリストテレスのものと解しかつ自らコミットする見方によれば、いかなる行為が道徳的に正しいのかは、有徳な人ならばどう振舞うだろうか、という以外の形ではつきとめることができない。正しい行為をめぐって倫理学的解明を行ないたければ、徳について、また、徳や抑制（第2節で説明する）が正しい行為をどう生み出すかについて道徳心理学的解明を行なうのがよい、とマクダウェルは考える。

つまり、もし徳は人の「内側」に、行動は「外側」に位置するという言い方をするならば、近現代に支配的な倫理学は「外側から内に」向かい、マクダウェルの支持するアリストテレス的倫理学は「内側から外に」向かう、と言えよう。

マクダウェルが「徳と理性」で示すこうしたスタンスは、アイリス・マードック『善の至高性』、エリザベス・アンスコム「近現代の道徳哲学」、バーナード・ウィリアムズ「道徳、この特異な制度」などの諸立場と通じ合う。(8) これらの英国哲学者はいずれも、功利主義やカント倫理学といった近現代倫理学の根本的想定のひずみを、互いに似通った視点から批判し、倫理的現実により即した道徳心理学的考察を実践・推奨している。大まかに言って共通のそのスタンスに、いつしか「徳倫理学」ないし「徳理論」というラベルが貼られ、功利主義や義務論と並び立つ、現代哲学上の流派として扱われるようになったわけだが、このラベルについては少し後でもう一言述べる。

いずれにせよ、徳倫理学をたんに「徳を重視する倫理学」とのみ規定するのでは、あまりに舌足らずである。というのは、「徳を重視する」と言うと、たとえば「人間の道徳的発達・完成を哲学的に理解するさいに徳の概念は重要だと認める」とか、「人間の道徳的発達・完成を促進するさいに徳の涵養という視点は重要だと認める」という意味にも解しうるが、そのような意味での「徳の重視」なら、徳倫理学の批判の標的であるはずの功利主義やカント倫理学もしっかり行なっているからだ。「徳と理性」のマクダウェルについて言えば、彼による「徳の重視」は、いま見たように、倫理学的考察における、「正しい行為」と「徳」の間の先行関係に関わるのである。

以上は、「徳と理性」第一節の内容を、相当量の補足を交えてまとめたものだ。

ここで、「徳と理性」第一節全体を引用しておこう。

われわれが人にある道徳的なものの見方をいわば教え込むことは大切だが、それは人がどう生きるかにわれわれが関心を抱いているからだと言えよう。道徳的なものの見方という観念がある以上は、適切な行動原則を定式化しようとする学として解された意味での道徳理論があってよいし、また、なければならない、と思われるかもしれない。その場合、倫理学という哲学の一分野が、そのように解された道徳理論に対して持つ関係は、科学哲学が科学に対して持つ関係とほぼ同じだと考えるのは自然である。この見解によれば、倫理学の主な話題は正しい行動の概念であり、行動原則の本性と正当化である。徳の概念への関心に場所があるとしても、二次的な場所にすぎない。徳は正しく行動しようとする態勢（おそらく特に理性的で自己意識的な類の）である。徳の本性はいわば外側から内へと説明されることになる。

私の目的は、それとは違う見解の輪郭を素描することである。この見解は、アリストテレス倫理学のうちに花開く哲学伝統の中に見出される。この見解によれば、倫理的反省にたずさわることが大事なのは、やはり「人はどう生きるべきか」の問いにわれわれが関心を抱いているからなのだが、その問いに答えようとするには、有徳な人の概念を絶対に経由しなければならない。正しい行動の概念はいわば内側から外へと把握される。（邦訳一～二頁）

「徳と理性」第二節以降でマクダウェルは、彼がアリストテレスから引き継ぐ、徳についての道徳心理学的見解を開陳していく。その過程で、近現代的な見方ではなくこのアリストテレス的な見方を取るべきことを、さまざまな議論によって示す。これらの議論については次節以降で紹介することにしよう。

近現代の主流倫理学がだめなのは、有徳な人の知の内容が成文化不可能だからである

だがその前に、本節の以下では、先回りになるが、マクダウェルによればなぜ倫理学についての近現

代的見方がだめなのかについて説明しておきたい。この説明は基本的には「徳と理性」の最終節、第八節に基づく。

マクダウェルが、倫理学についての近現代的な見方と呼ぶもの——人が、道徳的に言って従うべき行動原則というものがあり、これを定式化することが倫理学の課題である、という見方——はなぜだめなのか。そのような行動原則の定式化などできないに決まっているからだ。この点をマクダウェルは次のように説明する。

かりに誰かが、「○○○という状況では、×××の振舞いをするのが道徳的に正しい」といった形の一般的言明をこしらえようとしたとする。ただしそのさい、「○○○という状況」や「×××の振舞い」の部分では、「……のような状況」とか「……のような振舞い」のごとき、例は挙げるが適用の範囲は明示せず、聞き手の理解に頼る言い方を禁じることとする。むしろ、「人が危険にさらされており自分はその人を助けられるという状況」とか「その人を助ける」のような一般的記述を用いることとする（というのは、たとえ言わんとすることの理解が話者と聞き手の間で明確に共有されているとしても、これを一般的な語で表現し尽くせるかどうかが目下の争点なので）。また、「×××の振舞い」の部分を埋めるのに、「その場でするのが正しい振舞い」のように「正しい」等の語を用いるのを禁じることとする（さもなければ言明全体が空虚な同語反復になってしまうので）。その場合、そういった形のいかなる一般的言明にも、必ず例外が生じてしまう。すなわち、「いや、この状況はたしかに○○○の状況だが、×××をするのは道徳的に正しくない」という場合をつねに想定できてしまうのだ。そのような例外に対処しようとして、「△△△の場合は例外として、○○○の状況では、×××をするのが道徳的に正しい」などと留保を付けても、しょせん無駄である。なぜなら、この改訂版の一般的言明に対してもやはり必ず例外が生じてしまうのだから、とマクダウェルは論じる。

つまりマクダウェルによれば、正しい行動の原則という概念は倫理学的に言って、はなから見込みがない。だがこれに対して、徳についてならわれわれは有意味に語り、考えることができる。徳をさしあたり、〈人がそれを持っていれば、それぞれの場面で、道徳的に言ってなすべきことをなしうる能力〉と規定しておこう。もちろんこのような能力は実現困難な理想である。だがその困難は、われわれが徳という理想について語ることを無意味にするものではないとマクダウェルは見る。

さて、有徳な人が正しい行為をなすのは、そうすべきだとその人がわかったうえでのことである（行為は外界からの刺激に対する無自覚の反射ではなく、行為者は行為する理由を持つのだから）。だから、徳を持っている人はそれぞれの場面で、道徳的に何をなすべきかを見て取っている（つまり、見て取ることができる）ということになる。

したがって、行動原則の定式化など不可能だ、というマクダウェルの主張は、次のことを意味する。すなわち、有徳な人がそれぞれの場面で、何をなすのが正しいのかを見て取っているとき、一般的言明の形で書き出された行動原則を個々の状況に適用してそうしているのではない。どうして見て取っているのかと強いて問われれば、有徳な人であることによって、としか答えようがない。有徳な人はたしかに、どう振舞うべきかについてのある種の知を持っていると言えるが、その知の内容は成文化できないのだ。

以上は、「徳と理性」第八節の内容を、補足を交えてまとめたものだ。

ここで、「徳と理性」第八節全体を引用しておこう。

「人はいかに生きるべきか」という問いに普遍的な言葉で直接の答えを与えることができたなら、徳の概念は道徳哲学において二次的な場所しか持たなかっただろう。この問いが差し迫ったものだからこそ倫理学は興味深いのだが、しかし成文化不可能性のテーゼのために、この問いに向かって正面から突進するわけにはいかなくなる。人が機会ごとに何をなすべきかを知っているとすれば、それは、普遍的原則を適用することによってではなく、ある種類の人であることによってである。つまり、状況をある特有の仕方で見る人であることによってである。そして、徳の本性および（本論文ではほとんど論じなかったが）徳の獲得についての問いは、プラトン、アリストテレスの倫理的反省において中心的な位置を占めており、その問いをその位置から立ち退かせることはできない。

いかに振舞うべきかについての問いに答えを出すための手続きの大要をアリストテレスは示そうと努めていない、との不平がもらされることがある。だが、アリストテレスが進もうとしない道を行けば何かが見付かるに違いない、という想定に対して疑念を抱く十分な理由をわれわれは持っている。そして、アリストテレスのアプローチによれば倫理学は心の哲学の一領域に位置するのだが、そこでわれわれのすべきことは沢山あるのだ。（邦訳三五～六頁）

マクダウェルのこの立場を道徳的「個別主義」と呼ぶこともできる。[9] 道徳的な知は本質的に、一般原則にではなく個別事例に関わる、というほどの意味である。

ここで、マクダウェルの「成文化不可能性」や「個別主義」をめぐるありうる誤解を取り除いておこう。マクダウェルが退けているのはあくまでも、道徳的な知――すなわち、有徳な人が知っていること――が一般原則の形で完全に書き尽くせるという強い主張に他ならない。倫理学において、一般的なタームを用いての考察が重要な役割を果たす可能性をマクダウェルはまったく否定していない。むしろその可能性をはっきりと認めている（「徳と理性」第四節最終段落参照[10]）。

マクダウェルの立場はエッジが利いており、ぶっきら棒に見える

同じような話をしつこく繰り返すことをお許し頂きたい。そうするのが、マクダウェルの立場を特徴付けるのに役立つと思うのだ。

一般に、倫理学について次のように考えたがる傾向は強い。すなわち、その学問の存在意義は、人が道徳的にいってどうすればよいかわからず困っているときに、理論的・一般的な研究や考察を通じて答えを出してくれるところにある、と。

だがマクダウェルは倫理学の存在意義をその点には見ない（何しろ彼は、道徳上の諸問題に答えを与えられるような一般理論など存在しえないと考えるのだから）。倫理学の存在意義としてマクダウェルが挙げるの

はむしろ、道徳心理学の諸問題（徳は理性と、また欲求とどう関わるか、徳と抑制はいずれも正しい行為を生むが、違いは何か、徳はいかに獲得されるか、など）の考察を通じて、道徳的現実についての理解を深めることであろう。理解を深めるための特に重要な作業のうちに、いま問題の近現代的偏見の除去が含まれるというわけだ。

このようにまとめると、次のように思われてしまうかもしれない。すなわち、人がいかに振舞うべきかを決定する手続きの提示はまぎれもなく、倫理学が引き受けるべき重要な課題ではないか。マクダウェルはこれを、所詮無理だなどと言って、たんに放棄してしまっている。シニカルで不毛な反知性主義に他ならない。これに較べれば、功利主義もカント倫理学も、それぞれ改善の余地はあるだろうが、真面目に頑張って健闘しており、まだ見所がある、と。

このような非難に対するマクダウェルの側からの応答は、ぶっきら棒なものとならざるをえまい。すなわち、道徳上の具体的な難問に答えを出してくれるような理論を期待してしまうあなたがおかしいのだ（実際のマクダウェルはこんな喧嘩腰の言い方はしないと思うが）。そんな都合のよい理論などあるはずがない、という現実を潔く素直に受け入れ、理論に対するその間違った期待を捨て去らなければならない、というような応答になるだろう。

だから、道徳的に言ってどうすべきかわからずに困っている人がなすべきことは、マクダウェルによれば、何か信頼できそうな理論なり装置なりに判断を委ねることではなく、いわば普通に、状況をよく見、よく考えてみることである。人と相談してもよいかもしれず、一般的・類比的な考察が助けになるかもしれないが、最終的には自分で判断するしかない。

マクダウェルの倫理学的立場は、このように、元も子もないと思わせうるような形で言い表されるとき、人の反感を買わずにはおかない。

だがマクダウェルは負けずに、自らの立場を説明・擁護すべく、粛々と議論を進める。一つには、人はなぜ倫理学に対してそのようなあらぬ期待を寄せてしまうのか、その事情を診断してみせる(本章第2節の、「徳と理性」第四節の内容紹介と、本章第4節を参照)。

倫理学に対するマクダウェルのスタンスは、このようにエッジの利いたものである。あるいは、論敵とぶつかり合う鈍い音を響かせる、と言ってもよい。

これに対して、マクダウェルらを先達と仰ぐ「徳倫理学者」には、次のように主張する人たちがいる。すなわち、徳倫理学も功利主義や義務論と同様、「道徳的に正しい行為とはいかなる行為か」の定式を与えうる。いわく、「有徳な人がなすであろう行為」と。もちろんマクダウェルも、「正しい行為とは、有徳な人がなすであろう行為である」という(「分析的」な)主張を真と見なすだろう。だが、後発の陽気な徳倫理学者たちはどうやら、〝私達だって功利主義者やカント主義者に負けずに、行為が正しいものであるための条件を定式化しえている〟と自負しているかのようなのだ(11)。ということは、彼ら・彼女らもまた、〝倫理学である以上、適切な行動原則を定式化できることが望ましい〟という想定を共有しているのだろう。だが、繰り返せば、まさにこの想定こそ、マクダウェルの批判が向けられた先であった。

ここからも確かめられることだが、一口に「徳倫理学」と言っても、論者によって構えはさまざまに異なる。(12) にもかかわらず徳倫理学なるものについて語ろうとする者は、めいめい、そう語る理由を示すほうがよかろう。いずれにせよ、マクダウェルの倫理学的議論をそれとして理解しようとするさい、このラベルにあまり囚われないほうがよいと筆者は思う。

2 「徳と理性」の議論の展開——第二節～第七節

以上、「徳と理性」の第一節と最後の第八節を見たところで、本章の以下では、第二節～第七節の内容を紹介する。

まず、そこでの基本的主張を要約しておこう。徳とは一種の認知能力（知）である。すなわち、これを持つ人がそれぞれの場面で、自分はいま人として何をなすべきか（言い換えれば、状況はいま自分に、人として何をなすよう要求しているか）を見て取る能力である。言い換えれば、徳とは一種の感受性（sensibility）——状況がなす、行為へのそのような要求を感受する能力——である。マクダウェルはこの立場を倫理学者として擁護し、倫理学史家としてアリストテレスに帰する。

ただし、序章第5節で、論文集『心、価値、実在』「序文」第六段落を見るさい触れたように、マクダウェルが取り組んでいるのは、その立場を積極的に確立することというより、そんな立場など正しいはずがないというある種の決め付けには十分な根拠がないと示すことである。

以下では「徳と理性」第二節~第七節の議論の流れを見ていくことにするが、重要なすべての論点にくまなく触れることはしない。むしろ、議論の大筋の論理的展開を追うことに主眼を置く。論理的な繋がりがわかりにくいと思われたいくつかの箇所で、繋がりをはっきりさせようと試みた。いくつかの論点をしつこく繰り返すことについてご容赦頂きたい。

「徳と理性」第二節でマクダウェルは、徳とは一種の認知能力――それぞれの場面で、状況はいま自分に、何をするよう要求しているのかを見て取る能力――である、という基本的主張の、手始めの素描を示す。

重要なことは、この主張は、〝徳はそのような認知能力をその一構成要素として含む〟というのでなく、〝徳とはそのような認知能力に他ならない〟という主張であることだ。

マクダウェルは論じる。まずは徳の概念規定のレヴェルで、徳を、〈人がもしそれを持っているのなら常に正しく振舞うような、人の心のありよう〉と押さえることにしよう[13]。すると、マクダウェルのかの基本的主張は次のことを含意することになる。すなわち、人はそのつど〈状況はいま自分に、何を要求しているのか〉を適切に――有徳な人がするように――見て取りさえすれば、正しく振舞う、ということを含意することになる。なぜなら、徳の概念からして、人はそのつど、〈徳がこれを持つ人にその状況下でもたらすもの〉をもたらされさえすれば、その状況下で正しく振舞うはずである。ところがかの基本的主張によれば、〈徳がそのつど、これを持つ人にその状況下でもたらすもの〉はひとえに、〈状況はいま自分に、何をするよう要求しているか、の認知〉に他ならないからだ。

実際、マクダウェルの解するアリストテレスも、マクダウェルも、次のように考える。すなわち有徳な人は、徳がもたらす〈いま何をなすべきかの認知〉さえあれば、それによってそのつど正しく振舞う、と。(14)

「徳と理性」第三節でマクダウェルは、アリストテレス・マクダウェルのこの主張に対するある反論を検討する。すなわち、ある人が、自分の置かれた状況のうちに何を見て取ろうと、その認知だけでは、その人が正しく振舞うことを保証しないのではないか。二人の人がまったく同様の状況に置かれ、自分の置かれた状況のうちにまったく同じものを見て取ったとしても、一方の人は正しく振舞い、他方の人はそうしない、という場合がありえよう、という反論である。

これに対してマクダウェルは、まず次のように述べて自説の一貫性を確保する。すなわち、まったく同様の状況のうちに置かれたとしても、正しい行為をする人と、しない人とでは、状況のうちに異なったものを見て取っているはずだ、というのがわれわれの立場なのだ、と。

この点をより具体的に説明するためにマクダウェルは、関連するアリストテレスの二つの論点を是認しつつ紹介する。第一に、自分が置かれた状況の認知は、よからぬ欲望によって曇らされたり歪められたりしうる、という論点。つまり、まったく同じ状況に置かれても、ある人は、曇らぬままの状況を認知し、その結果、正しく行為するが、ある人は状況の曇った認知を持ち、その結果、正しい行為をしない、ということがありうる。

第二に、たんに抑制があるにすぎない人と、有徳な人とでは、まったく同じ状況に置かれ、結局同じ行為をするとしても、状況の認知に関して異なる。たしかに、抑制のある人も、有徳な人も、状況の認知が欲望によって曇らされたり歪められたりすることはない（その意味では認知に関して同じだと言ってよい）。だが、両者の間には、ある考慮事項が行為の理由としての重みを持ってしまうか、「黙らされる」かの違いがある、とマクダウェルは論じる。この区別については、「徳と理性」第二節〜第七節のこの概観が第六節に達したときに説明する。

そのうえでマクダウェルは、「徳は知である」とする自分やアリストテレスに対して、上記の説明だけでは納得しない論者から寄せられるであろう、より厄介な反論を紹介する。すなわち、認知と欲求を対比するなら、およそ認知だけでは行為を生じさせることはできない、認知に欲求が加わってはじめて行為を生むことができる、という反論である。マクダウェルがこの反論に応えるのは後の第六節である。

「徳と理性」第四節でマクダウェルは、徳は知の一種だとする、アリストテレスや自らの主張に対する、いかにもありそうな挑戦を取り上げる。すなわち、〝もし徳が一種の知だと言うのなら、その内容を書き出してみよ〟という要求である。

有徳な人が知っていることの定式化をこのように求める人はおそらく次のように考えているのであろう、とマクダウェルは推測する（ちなみにマクダウェルによれば、そう考えたがる傾向はわれわれ近現代人のうちに広く深く根を張っている)。すなわち、有徳な人はそのつど、いま何をなすべきかを正しく判断するが、そうした判断は、いわゆる「実践的推論」の形で説明できるはずだ、と人は考えているのであろう、とマクダウェルは言う。つまり、「いま×××すべきである」という判断は、「○○○の場合には×××すべきである」という大前提と、「いまは○○○の場合である」という小前提を挙げることにより、それらから導き出される結論として説明できるはずだ、と。そう考えられる場合、マクダウェルの解するアリストテレスやマクダウェルに対する、いま述べたいかにもありそうな要求は、次のような形を取るだろう。すなわち、もし徳が知の一種だと言うのなら、その知の内容を、この「実践的推論」の大前提として使えるような形で書き出してみよ、お手並み拝見、と。そうマクダウェルは推測する。

「徳と理性」の基本主張(徳は知である)に対する「より厄介な反論」(認知だけでは行為を生まない)が「徳と理性」第三節末で紹介されるのをわれわれは先に見たが、いま見たいかにもありそうな要求(徳がそれであると主張する知の内容を定式化してみせよ)は、この「より厄介な反論」と軌を一にするとマクダウェルは指摘する。というのは、いかにもありそうなこの要求において、有徳な人が自分の行為のために下す判断を説明する——したがって有徳な人の行為を説明する——アイテムは、大前提にくるものと、小前提にくるものとにきれいに二分されており、大前提にくるものは、「より厄介な反論」で言われる「欲求」に対応し、小前提にくるものは、「認知」に対応するからだ。

ここで読者は混乱するかもしれない(少なくとも筆者は一時混乱した)。実践的推論の大前提にくるものが「欲求」に対応する？　「認知」ではなくて？　アリストテレス・マクダウェルが徳は知(認知能力)

だと主張しているから、ではその内容を大前提として使えるような形で書き出してみよ、と要求されたのではなかったか？

マクダウェルの説明はこうだ。いや、有徳な人の知の内容を書き出してみよとアリストテレスや私――マクダウェル――に要求する人たちは実は、徳がこれを持つ人にもたらすものを、純正の認知として捉えうるとは、はなから思っていないのだ。「徳は知である」という、彼らの目から見て所詮見込みのない私たちの主張を、議論のためにひとまず好意的に解そうとして、（「知」とは呼べないものをそう呼んでしまう私たちの不正確さには目をつぶり）その語で言わんとすることを汲んで下さっているのだ。つまり、彼らは次のように考えている。〝アリストテレスやマクダウェルのその主張における「知」は、まあ、「敬意に値する心的状態」くらいの意味だろう。事実上は、「敬意に値する、欲求の持ち方」のことに違いない（そう正確に言い直せば、行為の実践的推論による説明は自分たち――アリストテレスやマクダウェルに挑戦する者たち――自身も受け入れうるものになる）。真に認知的と呼べるのは、「いまは○○○の場合である」という、小前提の内容に限られるのだ〟と。アリストテレスや私――マクダウェル――にかの要求をなす人たちはそう考えているにちがいない。そうマクダウェルは説明する。

他方、マクダウェル自身の立場は、徳はたしかに一種の認知能力であり、徳がこれを持つ人にもたらすものはたしかに一種の認識ではあるが、その内容を一般的言明の形で書き尽くすことはできない、というものだ（この点、前節すなわち第1節で論じた）。この立場によれば、有徳な人の知の内容を書き出してみよという要求は、出すほうがおかしいということになる。

だが、こう言っても、人はなかなか納得してくれないだろう、とマクダウェルは予想する。なぜなかなか納得してくれないのか。それは近現代を生きるわれわれが、道徳判断や道徳的行為をその一例として含む合理的実践一般について、ある根深い偏見にとらわれているからだ。その偏見とは次のものだとマクダウェルは言う。すなわち、人間のある実践が合理的なものである（すなわち、〝ここでそうするのは正しい〟とか、〝そこでそうするのは間違っている〟ということがきちんと言えるようなものである）と主張できるには、その合理性は、その実践をある程度以上習得した人にしか理解できないようなものであってはならない。むしろ、その実践の習得がどんなに欠けていようと、言語を理解し、論理的に思考できさえすれば、誰でも理解できるのでなければならない、という偏見である。(15)

道徳判断の場合にそくして説明しよう。マクダウェルは、道徳判断（「道徳的に言って、いまこう振舞うべきだ」、「この行為は道徳的に正しい」といった判断）を下すことは合理的な（正誤のある）実践であると考える。同時に、次のように主張してもいる。すなわち、そうした道徳判断が正しい、あるいは、間違っているということは、言語を理解し、論理的に思考できさえすれば見て取ることができる、というものではない。むしろ、こういうときにはこう振舞うものなのだということを、しつけを通じて教わり、そういう見方を身につけていることが、道徳判断の正しさを見て取るための条件である、と主張してもいる。

しかし、マクダウェルがいま問題にしている近現代的偏見にとらわれている人は、マクダウェルのそのような主張をとんでもないと思うだろう。すなわち、それでは、道徳上の正邪は、わかる人にはわかる、わからない奴にはわからない、という乱暴な話になってしまうではないか。そんなでたらめなやり方で道徳判断の合理性など主張できるはずがない、と。

これに対して、マクダウェルの側からは、次のように言うことになろう。すなわち、でもあなたは、たとえば、むしゃくしゃするからというだけの理由で、弱い者をいたぶるのが道徳的にいけない、ということがわかっておられるでしょう。そのように私たちは、道徳的なものの見方を、現に共有しています。そうした、ものの見方の共有が、私たちの道徳的実践の合理性を、いわば支えているのです、と。

しかし、問題の偏見に囚われた人は、われわれによるものの見方の共有などという いい加減きわまりないものが、道徳的実践（など、合理的実践）の合理性を支えている、などという話はとても信じられない（こんなヴィジョンを突き付けられると、かの偏見に囚われた人は「めまい」に見舞われる、とマクダウェルは言う）。いな、実践の合理性を保証するには、何かもっとしっかり、かっちりしたものが必要だと感じるのだ。何か機械装置のようなものが。そこで、道徳的実践の場合には、定式化可能な、正しい行動の原則が存在するはずだ、と想定したくなる。そして、人間の心には、合理的思考のための機械装置が内蔵されており、この装置を適切な行動原則にガチャッと嵌め込めば、確実な道徳判断ができる、論証の場合と同様の客観的合理性を主張できる、と想定したくなるというわけだ。

だがマクダウェルによれば、そんな想定は、合理性についてのかの近現代的偏見を温存するための気休めにすぎない。人間の実践の合理性は、当の実践をある程度以上習得した者にしか見て取ることができない（道徳的実践の場合もそうである）。この現実を、潔く素直に受け入れるべきなのだ、とマクダウェルは言う（この点は第1節でも触れた）。

この点についてのマクダウェルの議論をもう少し紹介する。ある行為が道徳的に正しいかどうかについて、二人の人の間で意見が食い違い、論争になった、という状況を考えよう。道徳判断は合理的実践であると認める人のなかには、こうした論争に決着をつけることは、原則的に、常に可能だと思いたがる向きがあるかもしれない。すなわち、何が道徳的に正しいのかについての一般原則に訴えれば、片が付くはずだ、と。論争の当事者が、当該の一般原則をなかなか言い表せないとしても、それは、わかっているはずのことを言い表す言葉がいま見つからないというだけのことで、表現力のこの不足を克服する手立ては何かしらあるはずだ。また、論争の一方の当事者が、当該の一般原則として提示するものを、他方が受け入れない場合は、論争で用いられてきた語を両者が違った意味で理解していたことが顕わになったというだけのことだ。見解そのものが対立していたわけではない。いずれにせよ、道徳上の問題についての論争には、原則的に、常に決着をつけられる。そう考える向きがあるかもしれない。

だがこれに対してマクダウェルは次のように言う。実際問題として、ある行為が道徳的に正しいかどうかについて、（右記の諸点を考慮してさえ）合理的な説得の試みだけでは、どんなに努力や工夫を重ねても決着を付けられず、水掛け論に陥ってしまうことはある。その場合、論争の当事者は相手に向かって「え、わからないの？」とか「あなたにはわからないんだ」としか言えなくなってしまう。理性的議論としてはもはやそれ以上のことが言えないとしても、だからといって必ずしもその人の道徳判断が妥当性・合理性を欠いているとは限らない、というのがマクダウェルの立場である。つまりマクダウェルは、判断の合理性を、判断の論証可能性に還元することはできない、と指摘するのだ。

いま見た、実践の合理性についての近現代的偏見は、古代哲学研究者のうちにも根付いており、そのアリストテレス解釈を歪めている。つまり注釈者たちは、アリストテレスが「実践的推論」について語っているという事実のうちに、適切な行動原則の定式化へのアリストテレスによる希求を読み取ってしまうが、それは誤解である、とマクダウェルは指摘する。

「徳と理性」第五節でマクダウェルは、個々の場面で何をなすべきかを有徳な人（やそれ以外の人）はどう判断するのかについての積極的説明を提示する。アリストテレスの「実践的推論」はこの点の説明にあたり有効だとマクダウェルは見る。「徳と理性」第四節で、誤解された「実践的推論」の問題点を指摘したマクダウェルは、ここ第五節で、「実践的推論」の（彼の目から見て）適切な理解を示し、適切に理解された「実践的推論」による説明を哲学者として推奨しているわけだ。

大前提、小前提、結論の例をマクダウェルが厳密に言ってどう特定するかは、「徳と理性」のテクストからは必ずしもはっきりしない（アリストテレス解釈上の細かい問題を避けているのかもしれない）。だが、マクダウェルの論述に基づいて、ほぼ次のように理解してよいと思う。すなわち、大前提の例としては、「友人にはできるだけ幸せでいてほしい。だから、友人がつらい思いをしており、慰めてあげられるときには、慰めてあげたい」、小前提としては、「いま友人がつらい思いをしており、慰めてあげることができる」、結論としては、「友人を慰めてあげよう」。マクダウェルが実践的推論の大前提を、例外なく妥当する一般的言明とは捉えていないことは、「徳と理性」第四節で見たところから明らかであろう。だが、ではどのようなものと捉えているのか。

何をなすべきかを有徳な人が判断するプロセスは、二段階で説明される、とマクダウェルは考える。だが、説明の前提としてまず、人が抱く「関心」と、状況における「考慮事項」という概念を導入しておこう。人が抱く関心とは、〃友人にはできるだけ幸せでいてほしい〃というようなことである。状況における考慮事項とは、〃いま友人Aさんがつらい思いをしており、自分はAさんを慰めてあげることができる〃というようなことである。〃友人にはできるだけ幸せでいてほしい〃という関心を持つ人が、〃いまAさんが辛い思いをしており、自分はAさんを慰めてあげられる〃という考慮事項に目を留めて、その考慮事項が、〈Aさんを慰めに行ってあげる〉という行為の理由になる、という場合があろう。また、〃パーティに出掛けるなどして楽しみたい〃という関心を持っている人が、〃今晩Bさんの家で楽しそうなパーティが開かれる〃という考慮事項に目を留めて、その考慮事項が、〈今晩Bさんの家に出掛ける〉という行為の理由になる、という場合もあろう。

しかし、〈今晩友人を慰めにいく〉ことと、〈今晩パーティに行く〉こととが両立せず、どちらか一方を選ばなければならないこともあろう。この状況下で、（認知主義的な言い方をすれば）〈友人を慰めにいく〉のが正しい、という場合を考えることができる。その場合、「有徳な人」は、迷わず友人を慰める方を取る（すぐに述べる、「抑制ある人」の場合と対比せよ）。このとき、その行為者において、〃いま友人がつらい思いをしており、自分は友人を慰めてあげられる〃という考慮事項が、〃今晩楽しそうなパーティがある〃という考慮事項を「黙らせた」のである。言い換えれば、この場合、〃今晩楽しそうなパーティがある〃という考慮事項は、今晩する行為の理由としての重みをまったく持たない。（これに対して、もしこれと同じような状況に置かれた別の人が、迷った挙句、〈友人を慰めに行く〉という正しい行為を選んだのなら、パーティについての考慮事項はその人にとって、行為の理由としての重みをある程度は持つが、友人についての考慮事項の方が「重さでまさった」ことになる。この人は有徳ではなく、たんに「抑制ある人」にすぎない。）

マクダウェルはウィギンズにならって、この場合（すなわち、それに則って行為すべき考慮事項が、〃今晩楽しそうなパーティがある〃というそれではなく、〃友人がつらい思いをしており、自分は友人を慰めてあげられる〃という考慮事項である場合）、友人についての考慮事項が「せり出して」おり、パーティについての考慮事項は背景に退いている、という言い方をする。（認知主義では、有徳な人は実際にそうある様を見て取るとされるのだから、たんにその人にせり出して見える、でなく、本当にせり出している、という言い方になる。）一般に有徳な行為者は、ある状況に置かれたとき、自分がそこですべきことに関係するかもしれないすべての考慮事項に目を留め（第一段階）、かつ、そのうちのどの考慮事項がせり出しているかを見て取り、したがって、その考慮事項に則って行為すべきであることを見て取る（第二段階）、と説明できる。（抑制ある人についても、同様の説明が成り立つ。この人も、どの考慮事項がせり出しているかを見て取る。ただし、抑制ある人によるせり出しの知覚は、有徳な人によるそれに較べて不安定だということになるのかもしれない。また、有徳でもなく、抑制もない人が、本当はせり出していない考慮事項をあたかもせり出しているかのように見なして、なすべきでない行為をなす場合についても、〃せり出していると見た考慮事項に則って行為する〃という点は同じであろう。）

「実践的推論」の定式は、有徳な人がこのように二段階で行なう、何をなすべきかの判断の全過程を捉えるものではない。むしろ、どの考慮事項がせり出しているのかがすでに見て取られているところで、その考慮事項を小前提で、また、その考慮事項とセットになっている関心を大前提で捉えている。第一段階は、実践的推論の定式という舞台（「核心的説明」）の外に置かれているわけだ。

ここからもわかるように、実践的推論の大前提で挙げられる関心（友人にはできるだけ幸せでいてほしい。だから、友人がつらい思いをしており、慰めてあげられるときには、慰めてあげたい）を言い表したものは、例外なく妥当する一般的言明ではない。この関心とペアになる考慮事項（いま友人がつらい思いをしており、自分は友人を慰めてあげられる）は、別の関心（たとえば、生命の危機にある人は、さほど親しくなくても助けてあげるべきだ）とペアになる考慮事項（ここに、さほど親しくないけれども、生命の危機にある人がいる）によって黙らされたりしうるからである。つまり、あるとき、ある関心に則って行為するのが正しいのは、アリストテレス・マクダウェルの説明によれば、そうするよう命じる一般原則それ自体が妥当性のお墨付きを得ているからではなく、その関心とペアになる考慮事項が当該状況でせり出しのお墨付きを得ているからである。大前提で挙げられる関心は、当該状況でせり出しているのが知覚された考慮事項とペアをなす関心に他ならない。

「徳と理性」第六節・第七節でマクダウェルは、「徳と理性」の基本主張（徳は知である）に対する、

第三節末で紹介された、「より厄介な反論」（認知だけでは行為を生まない。欲求が加わらなければならない）に対して応答する。

第六節で、まずマクダウェルは、認知と欲求を二分するかの反論をなす者が、マクダウェルがいま挙げた、友人を慰めるという例をどう扱うだろうかを推測する。反論者は、いまの例のどこかに、欲求と結びつかない限り行為を生まないような認知のアイテムを見出そうとするだろう。おそらく、「友人がつらい思いをしており、慰めてあげられる」という事態の認知がそれだろう（そしてこれと結びつく欲求として、「つらい思いをしており、慰めてあげられる友人は慰めてあげたい」というそれが考えられるのだろう）。マクダウェルにとっては、この事態の認知が、欲求と結びつかない限り行為を生まないと考えるのはおかしいのだが、マクダウェルは議論のためにひとまずその言い方を容認する。

そこでマクダウェルが最初に繰り出すのは、かの反論をなす者は、せり出しの知覚の扱いに窮するだろう、というジャブである。せり出しの知覚は、認知か欲求かの二分で言えば認知のほうだろうが、せり出しの知覚において認知されるのは、何かが行為の理由であるということに他ならないのだ！

こう言われたら、反論者は次のように言うだろう、とマクダウェルは推測する。すなわち、もちろん、せり出しの知覚のように、扱いが難しい代物もあろう。しかしそれは、そこで認知的要素と欲求的要素がまじりあっているからにすぎない。適宜分解をほどこしてやれば、両要素に腑分けでき、そこで、認知的要素だけでは行為を生まないことが改めて確認できるはずだ、と。

これに対しマクダウェルは、せり出しの知覚を本当に、認知的要素と欲求的要素にきれいに分解できるのか、と切り返す。せり出しの知覚のうちに含まれる欲求的要素とは何か。友人の幸せへの関心だろうか。いや、その関心は、(せり出しの知覚を経て)核心的説明の中に現われているものだ。だがせり出しの知覚は、何が核心的説明の中に現われるべきかの選別に関わる。では、いかに生きるべきかについての捉え方が、せり出しの知覚の欲求的要素なのか。しかし、いかに生きるべきかについての捉え方は成文化できないのだから、当該状況で当の考慮事項をせり出させる、いかに生きるべきかについての捉え方は、せり出しの知覚そのものから独立には理解できない。その意味で、欲求的要素の側に、いかに生きるべきかについての捉え方を挙げたところで、せり出しの知覚を認知的要素と欲求的要素にきれいに分解したことにはならない。

しかし、認知的要素と欲求的要素がきれいに分解できないと困る、と思いたがる向きがわれわれにはある。それはわれわれが次のように考えているからであろう、とマクダウェルは言う。すなわち、道徳的に振舞う(徳の生を生きる)のが合理的であることを示そうとするのなら、その証示作業は、人がどんな道徳的しつけを受けてきたかにかかわらず、およそ言語を理解し、論理的に思考できるすべての人に理解できるようなやり方でなさなければならない、と考えているからであろう(つまり「めまい」を回避しようとしているのだ)。その要件を充たそうとして、話としては、まず〈どんな道徳的しつけを受けてきたかにかかわらず、万人がヒトとして共有しており、かつ理解できるような欲求〉なるものが措定される。そして、道徳的に振舞うことの合理性の証示作業は、〝道徳的に振舞うほうが、そうでないよりも、かの〈欲求〉をより効率よく充足できる〟という形でなされることになる。

しかし、有徳な人の欲求ないし関心のなかには、有徳な人に特有のものの見方（つまり、特定の状況の見方）をある程度以上共有していない限り理解できないものもあるはずだ。[16] 繰り返せば、認知と欲求をきれいに分解するのは無理なのだ、とマクダウェルは論じる。

次に第七節でマクダウェルは、同じく認知と欲求を二分するとはいえ、〝有徳な行為者がある状況である行為をしようとしているときの心のありようを認知的要素と欲求的要素にきれいに分解できる〟などとは考えない、より精妙な立場を考察する。この立場によれば、有徳な人がある状況で行為しようとしているときの心のありよう（ここには状況の認知の側面も含まれる）は、人間ならではのものの感じ方、関心の持ち方をもろに反映した概念装置を用いるなかでなされている（たとえば、有徳な人は「ここで人に迷惑をかけてはいけないな」と思うこともあろうが、「迷惑」という概念は、〈人はこういうことを嫌がるものだ〉という人間的事情のなかに埋め込まれている）。この点はマクダウェルも認める。だが問題の、より精妙な非認知主義を取る者は、この事情が次のことを意味すると考える。すなわち、有徳な行為者のその心のありようは、世界のあるがままを捉えたもの、すなわち、真正の認知とは言えない。真に認知と呼びうるものは、人間のものの感じ方などからは独立に、世界のあるがままを捉えることであるからだ。より精妙な非認知主義を取る者はそう考える。

マクダウェルは、本論文ではこの立場に十分応答することはできないとしながらも、この立場の背後にあるのはゴリゴリの科学主義ではないか、と示唆する。ゴリゴリの科学主義とは、最終的に世界のありようを捉えられるのは、自然科学だけだ、とする立場である。これに対してマクダウェルは、はじめからそのように決めつけるいわれはない、と述べる。つまり、人間ならではの概念装置によってしか捉えられないことが、世界に成立しており、だから認知の対象となる、というのでもよいではないか、と言うのだ（この点は序章第5節の「『心、価値、実在』「序文」第六段落」でも触れた[17]）。

さて、第七節の終わり近くでマクダウェルは、自分の立場に対して向けられうる一つの反論を取り上げる。反論いわく、マクダウェルは〝道徳的に言って何をなすべきかは、個々の状況において、各人が獲得（しているとすれば）している徳、ないし徳に近い認知能力によって見て取る他はなく、そうした認知能力の行使に頼らずに使える決定手続きなどありえない〟と言い放っている。だがそれでは、めいめいがふんぞり返って「この場合はこうすべきである。有徳な私がその事実を見て取っているのだから間違いない」などと勝手に言い放つことに道を開きはしないか、と。

いや、そんなことはない、とマクダウェルは応える。道徳的に言ってなすべきことというのが客観的にある、とするマクダウェルの主張は当然、〝そうした道徳的現実を見て取ることは途方もなく難しい〟という適切なわきまえと結びつかなければならない。しかし、その主張とそのわきまえが結びつくとき、人に謙虚な姿勢を促すことになる、とマクダウェルは言う。すなわち、いったん「わかった、こうすべきだ」と思ったとしても、それは自分の勝手な思い込みかもしれない、もっと慎重に検討してみなければ、という謙虚な姿勢である。

以上が、「徳と理性」第二節〜第七節の議論の大筋である。

本章の以下の二節では、「徳と理性」中、以上の概観で抜け落ちてしまった重要な点を拾うことにする。第3節では「徳と理性」第二節の内容を補足し、第4節では「徳と理性」第四節の内容を補足する。

3　徳は一つである——第二節より

前節（第2節）の概観では省略した点だが、「徳と理性」第二節でマクダウェルは、まず、個々の徳（単数は a virtue, 複数は virtues. ここで‘virtue’は可算名詞として用いられている）を話題にし、そのそれぞれが一種の認知能力に他ならないという主張を素描する。個々の徳とは、すでに挙げた例では、勇気や節制などである。次いで、ある一つの徳を持つには、他のすべての徳をも持たなければならない、と論じる。それを通じて、徳一般（不可算名詞としての‘virtue’によって表される）つまり一なる徳を話題にし始め、一種の認知能力に他ならないのは、実はこの徳一般なのだ、と論じ進めるのである。

ただしマクダウェルは、個々の徳の概念の存在意義を認める。勇気や節制とは、徳という一つのものを、それがどんな種類の場面で問題になるかに応じて（すなわち、〈ともすれば恐怖のために、よからぬ振舞いをしてしまいかねないような場面〉で問題になる徳として、また、〈ともすれば快楽の誘惑のために、よからぬ振舞いをしてしまいかねないような場面〉で問題になる徳として）、切り出してきて捉えたものなのだ。

ある一つの徳を持つには、他のすべての徳を持たなければならない、という主張をマクダウェルがどう支持するか、以下で見ることにしよう。

マクダウェルは例として親切さの徳を取り上げる（つまりマクダウェルは親切さを一つの徳と見なす。だが、親切さははたして徳なのか、と疑う人もいるかもしれない。そういう人は、適宜別の徳に置き換えてこの議論を理解してほしい、とマクダウェルは言う）。親切さを、さしあたりおおざっぱに、〈他人の感情を傷つけないように配慮しようとする傾向性〉と押さえておこう。しかし、仮定により、親切さは一つの徳である以上――そしていま、徳は、正しい行為しか生み出さないような傾向性として押さえられているので[18]――、何が何でも他人の感情を傷つけまい、としているだけでは、真に親切であることにはならない。つまり親切さとは、それが徳である限り、〈他人の感情を傷つけないように、道徳的に適切なしかたで配慮する傾向性〉なのである。

次のような場面を考えよう、とマクダウェルは言う。あなたはAさん、Bさんと話をしており、この話の場をいわば仕切る立場にある。よくしゃべるAさんは、今日もすでにたくさん話してきたが、いまも何か言いたそうにしている。もしあなたの話相手がAさん一人だけだとしたら、迷わず、話をさせてあげるところだ。だが同時に、比較的寡黙なBさんも、何か話したそうにしている。いまBさんに話をさせなくても、Bさんの性格からして、Aさんほど気にすることはないだろう。そして、Aさんは傷つきやすい性質なので、こんなに話したそうにしているのに話をさせなかったら、けっこう傷ついてしまいそうだ。しかしこの場合、公平さの観点から、（話す権利をAさんと同等に持っており、今日あまり話す機会のなかった）Bさんに話をさせるべきである、という場面を考えよう。ここでは、〝話をさせてもらえなければAさんはかなり傷ついてしまうだろう〟という考慮事項ではなく、〝Bさんには話す権利がある〟という考慮事項が「せり出している」というわけだ。

　このような場合が存在することから、親切さの徳を持つには、公平さの徳をも持っていなければならないことがわかる。というのは、親切さの徳を持っていると言えるためには、〈どんな場合に、他人の感情に関わる考慮事項が、公正さに関わる考慮事項によって黙らされるのか〉がわかるのでなければならないからだ。そして、ある種類の考慮事項と、ある別の種類の考慮事項とがそのように共存する場合、どちらが優先されるべきかについて、一般原則の形で示すことはできない。

　だがこのように、〈ある徳を持っていると言えるには、別のある徳を持っていなければならないということを示すような、徳と関連する二種類の関心・考慮事項が緊張関係に入りうるような場合〉というのは、およそ、どの徳とどの徳の間でも、考えようと思えば考えられるだろう。さらに、三種類以上の考慮事項が共存する場合も、いくらでも考えられる。

　したがって、ある一つの徳を持つには、他のすべての徳を持っていなければならない。マクダウェルはそう論じる。

4　「二ずつ足していけ」——第四節より

本章第2節で「徳と理性」第四節の内容を紹介したさい筆者は、マクダウェルが、人間の実践の合理性一般についての次のような偏見を退けているという点に触れた。すなわち、ある実践が合理的なものであると主張できるには、その合理性は、〈その実践を少なくともある程度は習得した者にしか理解できないもの〉であってはならず、むしろ、その実践の習得がどんなに欠けていようと、言語を理解し、論理的に思考できるすべての者に理解できなければならない、という偏見である。この偏見を退けるためにマクダウェルは、ウィトゲンシュタイン『哲学探究』一八五節の有名な思考実験を援用する。[19] この思考実験自体、さまざまに解釈されており、ここでマクダウェルのウィトゲンシュタイン解釈が展開されるわけだが、すでに述べたように、この議論のマクダウェルによる解釈の是非はここで問題にしない（ちなみに筆者は、そのウィトゲンシュタイン解釈は基本的に適切だと思う）。

『哲学探究』一八五節で思い描かれる状況（とマクダウェルが解するもの）はこうだ（筆者の補足も加えて記す）。Aさん（あなたであってもよい）がBさんに、「二から始めて、二ずつ足していって、二、四、六、八、一〇、一二、一四、……と、数列を拡張していって下さい」と言う。これに応えてBさんは「一六、一八、二〇、二二、二四……」と続けて行く。問題なく一〇〇〇まで来て、Bさんは突然「一〇〇四、一〇〇八、一〇一二……」と続ける。

Aさんは Bさんに「いや、一〇〇〇の次は一〇〇二でしょう?」と言う。するとBさんは「え? 一〇〇〇の次は一〇〇四でしょう?」と応じる。Bさんはふざけているわけではなさそうだ。むしろ、一〇〇〇足す二は一〇〇四だと、本気で信じているようなのだ。そこでAさんはBさんに、一〇〇〇足す二は一〇〇四ではなく一〇〇二であると説得しようとするが、どうしてもBさんにわかってもらえない。

たとえば、AさんはBさんに「あなたは一〇〇〇までは、ちゃんと二ずつ足していっていましたが、一〇〇〇まで来て、急に四ずつ足し始めました」と言う。するとBさんは、「いいえ、一〇〇〇までも一〇〇〇以降も、同じように二ずつ足していますよ。あなたこそ、一〇〇〇以降では急に『足す二』の意味を変えられたみたいです」と応じる、などなど。何を言っても無駄のようだ。Bさんは日本語を理解しており、論理的に思考できるようだ。ただ、一〇〇〇足す二は一〇〇四であり、一〇〇四足す二は一〇〇八であり……と思い込んでしまっている。Aさんは「いったい何なんだ、これは」と思いはするが、もうBさんに言うことがなくなってしまった。

われわれはこういう状況を想像できる。このことは何を意味するか。

まず確認すべきことだが、AさんがBさんに、一〇〇〇足す二は一〇〇二であると、合理的な手段で説得できない、という状況を想像できるからといってわれわれは、足し算という算術的実践の合理性がそれによって脅かされてしまったなどと思いはしないし、そう思う必要もない。また、一〇〇〇足す二は一〇〇二だというのはわれわれのたんなる思い込みかもしれない、などと思いもしないし、そう思う必要もない。むしろ、Bさんは足し算のやり方を誤解している変わった人だと見なすまでのことだ[20]。

この思考実験はむしろ次のことを意味する。すなわち、足し算の合理性——これは「一〇〇〇足す二は一〇〇二である」と判断することの合理性を含む——を理解できるには、たんに日本語を理解でき、論理的に思考できるだけでなく、まさに足し算のやり方をある程度以上習得していなければならないのだ。Bさんとは、次の可能性を示すために想像された架空の人物である。すなわち、日本語を理解でき、論理的に思考できるけれども、足し算のやり方をまともに習得していないために、一〇〇〇足す二が一〇〇二であることがわからない、という可能性である。

その点で道徳判断は足し算と同じだとマクダウェルは言う。道徳判断という実践そのものの合理性を理解するには、そして、個々の正しい道徳判断の正しさを理解するには、たんに言葉を理解でき、論理的思考ができるだけでなく、道徳というものがあるのだということ、そして、かくかくのことは道徳的に正しいのだということを、道徳教育（小さい頃からのしつけに始まる）を通じて学んでいなければならない。道徳判断に関して、足し算の場合のBさんのような人物を想像することができる。それは、言葉を理解でき、論理的に思考できるけれども、ひどい道徳教育を受けてきたために、たとえば「むしゃくしゃするというだけの理由で、弱い者をいたぶってはいけない」ということがわからないような人物だ。それはいけないということを、こういう人物に合理的議論だけでわかってもらうのは無理だろう。議論に必要な前提を共有できないのだから。

ただし、算術の演算と道徳判断の間に違いもある。算術の演算の場合は、まあ、誰もが同じようにやる。うっかり間違えても、再確認したり人から指摘されたりすれば、間違いに気付く。だが、道徳判断の場合は、人々の間で見解が異なり、話し合っても一致にいたることができないような問題（「難しいケース」）がある。

しかしこのことは、算術の演算は「客観的」だが、道徳判断は「主観的」だ、ということを意味しない、とマクダウェルは言う。ウィトゲンシュタインの思考実験が顕わにしたように、「足す二」の場合も、他のすべての合理的実践と同様に、その合理性を支えているのは実は、その実践を行なう者たちがそのやり方を習得し共有しているという事実に他ならないからだ。

この点を言い表したキャヴェルの文章をマクダウェルは賛嘆とともに引用している。[21] 筆者もここに引用したい。

われわれは語をある文脈で学び、教える。それからその語をさらなる文脈に投射できることを期待され、他人に期待する。この投射がなされることを何も保証しない（特に、普遍の把握も、ルールブックを手に取ることも保証しない）。同様に、われわれが同じ投射をなし、理解することを保証するものもない。われわれは大体のところ、同じ投射をなし、理解する。これは、われわれが以下のものを共有しているということである。すなわち、関心・感情の経路を、応答の仕方を、ユーモアの、大切さの、達成の感覚を、何がとんでもないか、何が他の何に似ているか、何が叱責か、何が赦しかの感覚を、発話はいつ断定なのか、いつ訴えなのか、いつ説明なのかの感覚を。つまりウィトゲンシュタインが「生活形式」と呼ぶ、渦巻く有機体の全体を、共有しているということである。人間の言葉と活動、正気と共同体を支えているのは、これ以上のものではないが、これ以下でもない。これは困難かつ単純な景観であり、恐ろしい（から）困難な景観である。（邦訳一六〜七頁）

さて、道徳の問題について人によって意見が異なる、ということに関連する二つの事情がある。第一に、どの道徳的問題にも必ず一つの正解があるとは限らない。一つの正解があるわけではない道徳的問題は、そのために「難しいケース」になりうる。第二に、一つの正解があるのだとしても、その正解を見て取るのが難しい場合、これも「難しいケース」になる。だがこれらの事情はいずれも、道徳判断について、正解がある場合が少なくとも存在することを疑う理由にはならない、とマクダウェルは考える。誰がやっても判をおしたように同じ結果になるのでなければ、合理的実践とは言えない、と想定するのは、人間の実践の合理性を歪んだ形で捉えているからだ。「めまい」を避けようとして、合理的実践を機械の作動になぞらえる発想のうちに逃げ込もうとしているにすぎない、とマクダウェルは論じるのである。

第二章　「道徳の要請は仮言命法なのか」

本章では、マクダウェルが一九八七年に英国の『アリストテレス協会会報』に発表した「道徳的要求は仮言命法か」（Are Moral Requirements Hypothetical Imperatives?）[1]の内容を紹介する（邦訳『徳と理性』でのタイトルは「道徳の要請は仮言命法なのか」であり、本書でも章題に掲げるタイトルはそれにあわせた。『徳と理性』の読者が混乱しないようにである）。この論文は、フィリッパ・フットが一九七七年に発表した「仮言命法の体系としての道徳」（Morality as a System of Hypothetical Imperatives）（Foot 1978 所収）に挑戦して書かれた[2]。

本章では第1節でフットの論文を紹介し、第2節をマクダウェル論文の解説にあてる（マクダウェル論文自体がフットの議論の紹介で始まっている）。

1　フット「仮言命法としての道徳」

カント倫理学の基本的主張を否定する

「命法」というのはカント倫理学の用語である。ドイツ語で「インペラティーフ（Imperativ）」、「命令」とも訳せる。ただし、カントの言う命法は、「～せよ（しなさい）」といった、命令法の動詞を用いた文で表されるものに限られるわけではない。「～すべきである」といった、「義務の助動詞」で表されるものも含む。要するに、広く、当為・命令の全般を指すのがカントの言う「命法」である。「道徳の命法」とは、〈道徳的に言って、すべきこと〉である。「道徳的要求」（そうするよう、道徳的に求められていること）と同義だと考えてよい。誰（あるいは何）が命令・要求するのか、という問題は棚上げにしておくのがよい。

命法には「仮言的」なものと「定言的」なものがある、とカントは言った。二種類の命法のこの区別をどう理解すべきかが、本章で紹介するフット・マクダウェル論争のまさに争点の一つであり、追い追い説明していきたい。だがいずれにせよ、道徳の命法はすべて定言命法である、というのがカントの主張である。

ところが、「仮言命法の体系としての道徳」でフットは、道徳の命法はすべて仮言的である、と主張した。カント倫理学の基本的論点を正面から否定したのである。

フットの見立てでは、カント倫理学のなかには、現代ではもはや受け入れられないと見なされている論点と、いま（当時）なお受け入れられている論点があり、道徳の命法は定言的だという論点だけは、今日もほとんどの倫理学者が受け入れているという。カント倫理学中、ほぼ唯一の揺るぎなき功績とも言える主張を覆すことで、フットは、カントにとどめを刺そうとしているかのようだ。

話の手始めに、ごくごくおおざっぱに言えば、仮言命法とは、「もし……したいのならば〜すべきだ」のように、仮定条件の付いた命法である。他方、定言命法とは、そのような条件なしに、端的に「〜すべきだ」と命じる命法である。

だが、この説明は実は正確ではない。というのは、そもそもカントが定言命法の概念を持ち出したのは、道徳の命法をそれ以外の命法から区別するための徴としてであった。つまり、「もし……ならば」という条件節が含まれるかどうか、というたんに文法的な話をしているのではなく、当為・命令のいわばあり方の違いを問題にしているのだ。だから、たとえある文が「もし……ならば」という語句を含んでいないとしても、それは仮定条件の部分が省略されているだけで、この文で表される命法をカントは仮言的と見なすかもしれない。また、カントは「他人や自己の人格を尊重せよ」を定言命法と見なすが、その文に「もしあなたが理性的であろうとするなら」という条件節が加わっても、意味は変わらず、定言命法が仮言命法になりはしない、とカントは考えるだろう。

つまり、二種類の命法のカントによる区別を理解するには、命法を表す文の文法的特性だけにとらわれず、命法の実質に踏み込まなければならないのだ。

定言命法と仮言命法の区別を理解する一つのやり方

「仮言命法の体系としての道徳」でのフットの議論は、概略、次のような形式で進む。まず、定言命法と仮言命法の区別が〈かくかくのもの（A）〉だとしよう。その意味でなら、たしかに道徳の命法は定言的である。しかし、カントの論じ方からして、カントが両命法の区別をそのように理解していたはずはない。むしろ、〈しかじかのもの（B）〉として理解していたはずだ。だがこの意味では、道徳の命法は定言的ではなく、むしろ仮言的である。ゆえにカントは間違っている、と。

だから、さきほど筆者は、カントに反してフットは〝道徳の命法はすべて仮言的だ〟と主張する、と述べたが、より正確に言い直せば、フットの主張は、〝道徳の命法はすべて、カントが理解していたはずの意味（B）で、仮言的である〟というものだ、ということになる。

二種類の命法の区別を理解する第一のやり方（A）とは、次のものである。

花子さんが太郎くんに、コレコレのことをするように命じた（そのような命法を発した）とする。それから花子さんは、太郎くんがコレコレのことをしたからといって、太郎くんの欲求や関心が満たされることにはつながらない、ということに気付いたとする。そう気付いたからには、花子さんは、太郎くんに発したその命法を取り消さなければならなくなるとしたら（つまり、取り消さないとしたら花子さんの言動はつじつまがあわないことになるのだとしたら）、その命法は仮言的であったことになる。他方、そう気付いたからといって、取り消す必要は生じないのなら、その命法は定言的であったことになる。

たとえば花子さんは、太郎くんがいま駅に向かっているのだと思って、「この道をまっすぐ行きなよ」と命じたとする。それから花子さんは、太郎くんが行こうとしているのは、実は駅ではなく、それとは反対方向にある食堂だと気付いたとする。つまり、太郎くんがこの道をまっすぐに行ったからといって、太郎くんの欲求や関心が満たされることにはつながらない（むしろ、食堂に行きたいという欲求の充足の妨げになる）ことに気付いたのである。この場合、花子さんは、太郎くんに向けて発したその命法を取り消さなければならない（取り消さないのなら、花子さんの言動はその点でつじつまがあわないことになる）。だからこの命法は、このAの意味で、仮言的である。

他方、太郎くんはゴミを道端に捨てようとしており、花子さんは太郎くんに「ゴミはゴミ箱に捨てなくちゃ」と言った（そういう命法を発した）としよう。それから花子さんは、太郎くんは実は、ゴミをちゃんとゴミ箱に捨てるといったことにはまったく関心がなく、道端にポイ捨てしてもまったく構わないと考えていることに気付いたとしよう。つまり、太郎くんがゴミをゴミ箱まで持っていき、そこに捨てたからといって、太郎くんの欲求や関心が満たされることにはつながらないことに、花子さんは気付いたのだ。しかし、だからといって花子さんは、太郎くんに向けて発したその命法を取り消す必要はない。だからこの命法は、Aの意味で、定言的である。（たしかに、道徳観念をはなはだしく欠いていることが判明した太郎くんに、花子さんは愛想を尽かして、「こんな人にはもう何も言わないことにするわ」と思うかもしれない。しかしだからといって花子さんは、太郎くんに向けて発した命法を撤回したわけではない。いま問題なのは、「太郎くんがそうしたくないのだから、太郎くんはゴミをゴミ箱まで持っていかなくてもいいわけね」などと思い返すいわれはない、ということだ。）

さて、カントが定言命法・仮言命法の区別をこのAの意味で理解していたとしよう。その場合、道徳の命法はすべて定言的であるというカントの主張はたしかに正しい、とフットは認める。というのも、〈ある人が、道徳的に言って、なすべきこと〉は、たとえその人が、それをすることに何の欲求や関心を抱いていないとしても、道徳的に言って、すべきである（ゴミはゴミ箱に捨てるべきである）ことに変わりはないからである。

しかし、先に述べたようにフットは、カントが二種類の命法の区別をこのAの意味で理解していたはずはない、と言う。なぜならカントは、道徳の命法だけが定言命法だと考えていたはずだからだ。つまり、さきほど触れたように、道徳の本性を解明しようとするカントは、さまざまな命法の間で、道徳の命法だけが持つ特性として、定言性を挙げたはずなのだ。ところが、このAの意味では、エチケット（お作法）のルールやクラブのルールも、定言命法であることになってしまう！

エチケットのルールとは、日本の例を挙げれば、手紙を「拝啓」で始めたら、結びは「敬具」などの特定の語にする、とか、食卓で、複数の人の箸で同じ食べ物を持ち上げない、とかである。英国人フットは、書き手と読み手のことを三人称で記してある招待状に返事するさい、やはり自分と相手のことを三人称で記す、という例を挙げている。たとえある人が、手紙の書き方や箸の使い方の作法のことなどまったく気に懸けないとしても、お作法上はその人もそうした決まりに従わなければならないことに変わりはない。つまりエチケットのルールは、Aの意味で定言命法になってしまうのである。(もちろんこれは、エチケットの安定したルールが受け入れられている共同体内の話である。そうしたルールを見直そうという動きが起こるかもしれないし、異なる作法を持つ異なる共同体出身の人たちが一緒になったときどうすべきか、という問題もあるが、ここでは棚上げにしよう。)

エチケットのルールだけでなく、クラブのルールも、Aの意味で定言命法であるとフットは言う。「クラブ」と聞くと、学校のクラブ活動や諸種のナイトクラブのことを思い浮かべる向きもあろうかと思うが、いまは英国(流)のクラブのことを考えてほしい。英国文化に疎い筆者がすぐ思いつくのは、名探偵シャーロック・ホームズの兄が作ったディオゲネス・クラブだ。来客室以外ではしゃべってはいけない、というルールがある。ただしこれは英国のクラブでもかなりエキセントリックなもののようだ。クラブのルールとしてフットが挙げるのは、喫煙室にレディをお連れしてはならない、というものである。

道徳の命法だけを定言的と特徴付けたいカントとしては、エチケットのルールやクラブのルールはむしろ仮言命法として扱いたいはずだから、Aの区別はカントの目的にそぐわない、とフットは論じる。では、定言命法と仮言命法の区別をどう理解すれば、首尾よく、道徳の命法だけは定言的で、それ以外のすべての命法は仮言的となってくれるのか。

フットによるカントの定言命法の理解

フットによれば、カントが求めるそのような理解は次のようなもの（B）でしかありえない。

花子さんが太郎くんに、「（カクカクのたぐいの理由から、）コレコレすべきよ」と言った（そのような命法を発した）とする。そのさい、もし太郎くんが花子さんに、「どうしてぼくがカクカクのたぐいのことを気にかけなければならないの？」と訊くことがおかしな（不合理な）ことなら、その命法は定言的である。他方、そう訊くことが別におかしなことでないなら、その命法は仮言的である。

実質的に同じことを、言い換えよう。

花子さんが太郎くんに、「（カクカクのたぐいの理由から、）コレコレすべきよ」と言った（そのような命法を発した）とする。そう言うことによって花子さんは太郎くんに、コレコレする理由を与えたことに必ずなるのなら、その命法は定言的である。他方、そう言うだけでは、コレコレする理由を与えたことに必ずしもならず、むしろ、コレコレする理由を太郎くんに与えるには、それに加えてさらに、カクカクのたぐいのことを気にかける理由をも与えなければならないかもしれないのなら、その命法は仮言的である。

（この定式で言われていることが、直前の定式で言われていることと実質的に同じであるのは、次のような連関による。すなわち、もし太郎くんが、コレコレする理由をすでに与えられているのに、なおその理由の説明を求めるとしたらそれはおかしなことである、という連関である。）

「（それが作法なのだから）この手紙は「敬具」などで結ばなくちゃ」と言われた太郎くんが、「どうしてぼくが手紙の作法なんてものを気にしなくてはいけないの？」と訊くとしよう。そう訊くことは、（太郎くんの「たしなみ知らず」を露呈する振舞いかもしれないが）フットによれば、おかしなことではない。不合理な振舞いとは、たとえば、人が自分のしたくないことを、それをしなくて済むのに、混乱してついしてしまう、というような場合である。いまの場合、「（それが作法なのだから）この手紙は「敬具」などで結ばなくちゃ」と言うだけでは、太郎君に、この手紙を「敬具」などで結ぶ理由を与えたことにならない。そうする理由を太郎くんに与えるには、さらに、手紙の作法を気にかける理由をも太郎くんに与えなければならない（「手紙の書き方も知らないと、人から笑われてしまいますよ」など）。だからエチケットのルールは、このBの意味で、仮言命法である。

クラブのルールについても同様である。「（当クラブのルールですから）お連れの方を喫煙室にお招きすることはご遠慮下さい」と注意されたとしても、タロウ氏は、もう二度とそのクラブに顔を出すつもりはないから、クラブの他のメンバーからの非難も、ルール違反に対するペナルティとしての除籍処分も恐れる必要がなく、つまり、そのルールに従う理由を持たないかもしれない。タロウ氏が不敵にも「どうしてぼくがこのクラブのルールを気にしなければならないのかね」と反問するとき、自分を翻意させる理由などないと確信しているわけだ。しかし、レディを喫煙室にお連れしてはならないというクラブのルールは、メンバーである限り、タロウ氏に適用されることに変わりはない（タロウ氏にもルールが適用されるからこそ、タロウ氏の振舞いはその違反になるのだ）。だからクラブのルールも、Bの意味で仮言命法である。

道徳の命法についてカントは次のように言いたいのだろう、とフットは推察する。すなわち、「（道徳の決まりなのだから、人としてすべきことなのだから）ゴミはゴミ箱に捨てなくちゃ」と言われた太郎くんが「どうしてぼくが道徳なんてものを気にかけなくてはいけないの？」と訊くことは、（怪しからぬだけでなく）おかしな、不合理なことである。太郎くんに「道徳の決まりなのだから、ゴミはゴミ箱に捨てなくちゃ」と言いさえすれば、それだけで、ゴミをゴミ箱に捨てる理由を太郎くんに与えたことになる。だから道徳の命法は、Bの意味で定言命法である、と。

なぜ道徳を気にかけなければならないのかと問うことは不合理ではない

フットが、自らの解釈するカントに嚙みつくのは、まさにこの点においてである。「どうして私が道徳なんてものを気にかけなければならないのか」を問うことは、（たしかに、まさに道徳的に言って問題ではあるが）けっして不合理ではない、とフットは論じるのである。

たとえば、次のような反道徳的な立場のことを考えよう。

まず、道徳なる制度は次のようにして生じた。かつて無法状態にあった人間たちは、うでっぷしの強い者がほしいままに弱者から奪い取り、弱者を虐げていた。頭数では強者を圧倒的にしのぐ弱者たちは、強者からのそうした略奪や攻撃から身を守るために団結した。そして、「人は互いに奪い合ったり虐げ合ったりしてはならない」という決まりを作り出した。法や道徳とはそのように、多数の弱者たちの都合が生んだ制度にほかならない。そうした社会制度は、それ自身を維持するために、一つには、決まりを破る者を処罰することにし、罰への恐怖で社会の成員を脅している。もう一つには、社会の成員のうちに道徳観念が刷り込まれるようになっている。これらが功を奏して、大概の人間は道徳の権威に盲従してしまっている。だが、現体制の裁きや罰など恐れない真の強者は、道徳など踏みにじって一向に構わないのだ、という立場である。

フットは、こうした反道徳的立場は、不合理ではない（すなわち、論理的不整合をきたしたりしていない）、と考える。つまり、「確信犯的」にこの立場を取る者に、合理的議論だけによって、この立場を捨てさせることはできない、と考えるのだ。

このような反道徳者に、「道徳的に言って、あなたはコレコレすべきだ」と言ったとしても、コレコレする理由をこの人物に与えたことにはならない。だから道徳の命法は、Ｂの意味で仮言命法なのである。その点でカントは間違っている、とフットは論じる。

たしかに、ほとんどの人が、道徳の命法――少なくとも、ある範囲での、ある形での、道徳の命法――に、自らの意志を拘束する力を認めているけれども、それは道徳が本質的に、すべての理性的存在者に対して強制力を持つからではない。むしろ、ほとんどの人が、道徳をいわばたまたま気にかけるようになっているからにすぎない、とフットは言う。

しかし、カントに限らず、ほとんどの道徳哲学者は、道徳は理性的なすべての人に対して強制力を持つ（つまり、道徳の命法はBの意味で定言的である）と考えたがる。なぜか。フットの診断はこうだ。われわれ道徳的共同体の成員は、皆が道徳の決まりをちゃんと守ってくれることを当てにして暮らしている。だからわれわれは、皆が道徳の決まりをちゃんと守ってくれるものと信じて安心したい。われわれの一部である道徳哲学者は、安心したいというわれわれのその願いを哲学の領域でかなえようとしている。つまり、人間は理性的である限り、道徳の決まりに従うはずだと考え、道徳哲学者自身も安心し、道徳的共同体の他の成員にも、安心できることを請け合ってあげようというのだ。そうフットは診断する。（もっとも、人間は理性的である限り、道徳の決まりに従うはずだ、と考えることで安心できるには、人間がだいたいにおいて合理的であると想定している必要があるのだけれども。）

フットは、そんな気休めにはおさらばしよう、と言う。むしろわれわれは自分たちのことを、「自由と正義のために、非人道的行為や抑圧を相手に戦うべく集結した志願兵」と位置付ければよいではないか。反道徳主義を、合理的な立場としてはありえないものと見なして、勝手に安心するというのはだめだ。道徳にとってのこの恐るべき敵が、合理的な立場として成立しうるという苦い現実を直視し、これとあくまで闘うというわれわれの課題を再認識し、兜の緒を締めよ、とフットは説く。

2　マクダウェルのフットへの挑戦

前節（第1節）でフットの「仮言命法の体系としての道徳」の内容を見たところで、本節（第2節）ではいよいよ、「道徳の要請は仮言命法なのか」でマクダウェルがフットに対してどのような挑戦を行なったのかを見ることにしよう。

フットに賛成する点、反対の点

いま見たように、フットは次のように述べた。すなわち、〔ア〕道徳の命法はたしかに、Aの意味でなら定言的である（道徳のことなど気にかけない人に対しても適用される）。だが〔イ〕カントは、道徳の命法は定言的だと言ったとき、そういう意味で言ったのではなかろう、と。フットのこれら二つの論点にマクダウェルは賛成する。

またフットは次のようにも述べた。すなわち、〔ウ〕「定言的・仮言的」という語をカントはBの意味で意図していたはずだ。だが〔エ〕道徳の命法は、そのBの意味では仮言的である。言い換えれば、ある人が道徳のことなど気にかけないからといって、非合理であるということにはならない。したがって、〔オ〕道徳の命法は定言的だというカントの主張は間違っている、と。マクダウェルは、〔エ〕道徳の命法はBの意味では仮言的である、というフットの論点に同意する。

だが、〔ウ〕カントはBの意味を意図していたはずだ、というフットの判断にマクダウェルは反対する。

カントの定言命法のマクダウェルによる理解

マクダウェルは、こう考える。「定言的・仮言的」と言うときカントは、フットの言うAともBとも異なるある意味（それをCと呼ぶことにしよう）を言い当てようとしていたのだ。結局、不正確な言い方に陥ってしまったのだけれども、[3]と。マクダウェルの言うCの意味を筆者なりにまとめれば、次の通りである。同じ内容を二つの定式で言い表そう。

〔第一の定式〕あるときある人がある状況で、ある行為をしようとは思わず（その行為をするよう要求されているとは思わず）、この行為をしなかったとしよう。だが後に、同じような状況で、その行為をするよう要求されているのを認めて、その行為をしたとしよう。その行為をせよとのその要求を認めるようになったのが、その状況の捉え方が変わることによってである場合には、その要求は定言的である。他方、その要求を認めるようになったのが、状況の捉え方は変わらないまま、それまで持っていなかったある欲求を持つようになることによってである場合には、その要求は仮言的である。

〔第二の定式〕あるときある人がある状況で、自分がある行為をするよう要求されているのを認めて、その行為を行なったとしよう。はじめ私は、その人がなぜ（つまり、その行為をせよとのどんな要求を認めて）その行為を行なったのか、理解できなかったが、やがて理解できるようになったとしよう。そのとき、理解できるようになったのが、その人がその状況をどう捉えていたのかを私が理解できるようになることによってである場合には、その行為をせよとのその人への要求は定言的であった。他方、その人がなぜその行為をしたのかを私が理解できるようになったのが、その人が状況をどう捉えていたかについての私の理解は変わらないまま、〝その人はかくかくの欲求を持っている〟と気付くことによってである場合には、その要求は仮言的であった。

マクダウェルによれば、カントが言い表そうとしていたのは、道徳の命法がこのCの意味で定言的であるということである。

そしてマクダウェルはカントに賛同して、道徳的要求はCの意味で定言的であると主張する。これを例解しよう。道徳的要求の例として、Aさんに対する、〝困っているBさんを助けよ〟との要求を挙げよう。そして、AさんはBさんを助けるなら、それによって何か損をするものとしよう。まず、第一の定式にそくして例解する。Aさんははじめ、自分が損するのが嫌だったので、Bさんを助けようとは思わず、助けなかった。だが後に、〝そんな風に、人が困っているときには、自分は損をしてでも、人を助けてあげるものだ〟と思うようになり、Bさんを助けよとの要求を認めて、Bさんを助けた。ここでAさんは、自分の置かれた状況の捉え方が変わることによって、行為の要求を認めるようになったのだ。

第二の定式にそくして例解する。Aさんが、結果として自分は損することになるけれども、困っているBさんを助けた。はじめ私は、Aさんがどうしてそのような損な振舞いをしたのか、理解できなかった。だがやがて私は、〝そんな風に、人が困っているときには、自分は多少損をしてでも、人を助けてあげるものだ〟というAさんの考え方が理解できるようになり、Aさんがなぜそう振舞ったのか、理解できるようになった。ここで私は、Aさんがそのとき自分の置かれた状況をどう捉えていたかを理解できるようになることによって、Aさんの行為が理解できるようになったのだ(4)。

このような意味で道徳的要求は定言的であるとマクダウェルは主張する。

しかし、問題の事例をそのように記述することに疑問を持つ人もいるかもしれない。むしろ、その事例をある適切なやり方で記述するなら、道徳的要求はこのCの意味で、むしろ仮言的なのではないか、と考える人もいるかもしれない。

第一の定式にそくして挙げた例を見よう。この例は次のように記述できるのではなかろうか。すなわち、Aさんは自分の置かれた状況を、〝自分は損するけれどもBさんを助けることもできるし、Bさんを助けられない代わりに自分が損しなくてすむような状況〟と捉えている。Aさんの、自分が置かれた状況についてのこの捉え方は最後まで変わらない。ただしAさんは、〝自分は多少損をしてでも、困っている人を助けたいという欲求〟を、はじめは持っていなかったけれども、やがて持つようになった。

こうしてAさんは、Bさんを助けよとの要求を認めるようになった、と。問題の例をこのように記述できるのではないか――こう考える人もいるかもしれない。

第二の定式にそくして挙げた例を見よう。この例は次のように記述できるのではなかろうか。すなわち、Aさんは自分の置かれた状況を、〝自分は損するけれどもBさんを助けることもできるし、Bさんを助けられない代わりに自分が損しなくてすむような状況〟と捉えている、と私は理解している。Aさんが自分の状況をそう捉えているという私の理解は、最初から最後まで変わらない。ただし私は、Aさんが〝自分は多少損をしてでも、困っている人を助けたいという欲求〟を持っていることに、はじめは気付かなかったけれども、やがて気付いた。こうして私は、AさんがなぜBさんを助けたのか理解できるようになった、と。問題の例をこう記述できるのではないか――こう考える人もいるかもしれない。

そう考えるならば、道徳的要求はCの意味で、むしろ仮言的であるということになるのではないか。

これに対してマクダウェルは次のように応答するだろう。

「自分は多少損をしてでも、困っている人を助けたいという欲求」というのが曲者である。第一の定式にそくして挙げた例について言えば、Aさんが本当に、Bさんを助けよとの道徳的要求を認めたのだとしよう。その場合、たしかに、この要求に対応する「欲求」について語ることができよう。したがって、Aさんはこの「欲求」を持つようになったことによって、Bさんを助けよとの要求を認めるようになった、と言うこともできよう。しかしAさんがその「欲求」を持つようになることは、Aさんがその状況を新しいしかたで捉えるようになるという形でしか起こりえない。なぜならAさんは、自分が新たに「欲求」するようになったことを、その状況の自分による新たな捉え方に言及せずに、つまり一般的記述のみによって特定することができないからだ。Aさんはそれをたとえば、「自分は多少損をしてでも、困っている人を助けたい」という記述によって特定することはできない。「多少」というのがどれくらいまでなのかが曖昧であるという点を棚上げにしても、「自分は多少損をするが、困っている人を助ける」という記述が適用されるすべての場合に問題の欲求がAさんにおいて発動するわけではないからだ。その記述が適応されるどの場合には問題の欲求が発動し、どの場合には発動しないのかは、個々の状況をどう捉えるかの問題としか言いようがないのだ。（だからこそ先に、第一の定式にそくした例をマクダウェル自身の見地に立って記述したさい筆者は、〃そんな風に、人が困っているときには……〃と書き、「そんな風に」という、その個別状況を指す語句を入れておいたのだった。）

第二の定式にそくした例についても、適宜変更を加えて、同様のことが言える。すなわち、Aさんは道徳的要求を認めており、私はAさんの行為を本当に理解したのだとしよう。その場合、〃自分は多少損をしてでも、困っている人を助けたい〃というAさんの「欲求」について語るにしても、この「欲求」を私が理解することは、Aさんによる状況の捉え方を理解するという形でしか起こりえない。というのは、もし私が、Aさんは〃自分は多少損をするが、人を助けられる〃という記述があてはまるいかなる場合にもその人を助けたいという欲求を持つようになったのだ、と理解したならば、私はAさんの行為を本当には理解していないことになるからだ。

第一、第二の定式で言い表されていることは次のようにも言い表しうる。道徳的要求がCの意味で定言的であるとは、道徳的要求に応えてなされる行為を説明するには、行為者による状況の捉え方を挙げれば十分であり、それとは別に行為者の欲求に言及しなくてもよい、と。

道徳的要求はCの意味で定言的であるというこの考え――マクダウェルは、カントは実はこういうことを言い表そうとして奮闘していたのだ、と述べる――は、われわれが先の第一章で「徳と理性」にそくして見た、マクダウェルの道徳的認知主義の考えにほかならない。つまりマクダウェルによればカントは、明確な表現こそ与えていないが、実は、認知主義に通じる洞察を持っていたというのだ。やはり第一章で述べたように、「徳と理性」でマクダウェルは、自分が批判する、倫理学についての近現代的な捉え方の例として、功利主義を挙げはするが、カント倫理学は名指していないのだが、これはいま述べた点を考えればうなずけることである。倫理学についての近現代的な捉え方を特徴付けるのは認知と欲求を截然と二分する非認知主義だが、これに対してカントは認知主義を志向していた、というのだから。

このようにマクダウェルは、道徳的要求はCの意味で定言的だと主張するわけだが、では、Cの意味で仮言的な要求にはどのようなものがあるのか。この点についてマクダウェルは明確な立場を取ろうとしていない。

Cの意味での仮言的要求のあくまでも暫定的な例としてマクダウェルが挙げるのは、雨が降りそうなときの、傘を持っていけとの要求である。この要求が仮言的であると考えるとは、次のように考えることである。すなわち、第一の定式にそくして言えば、Aさんは、はじめ、雨が降りそうなとき、傘を持っていけとの要求を認めず、傘を持っていかなかったとする。だがやがて、雨が降りそうなとき、傘を持っていけとの要求を認め、傘を持っていくようになったとする。これは、雨が降りそうだという状況の捉え方は変わらないまま、雨に濡れたくないという欲求を、はじめは持っていなかったが、やがて持つようになったからである。このように考えることである。（第二の定式にそくしての話は省略する。）

ただしマクダウェルは、道徳的要求だけでなく、この例で挙げられる要求も含めて、いかなる要求も、定言的だと理解できるかもしれない、と述べもする。雨が降りそうなときの、傘を持っていけとの要求が定言的であると考えるとは、次のように考えることであろう。すなわち、Aさんははじめ、問題の状況を、〈雨という、濡れても構わないものが降りそうな状況〉として捉えていたが、やがて同じ状況を、〈雨という、濡れてはいけないものが降りそうな状況〉として捉えるようになった。このように状況の捉え方が変わったために、その状況のうちに、傘を持っていけとの要求を認めるようになった。このように考えることであろう。（ただし、もしマクダウェルがこのように、道徳的要求だけでなくあらゆる種類の要求を定言的と見なしてしまうと、定言性は道徳的要求だけが示す特徴ではなくなってしまい、カントの目論見からはずれてしまう。）

特別の欲求を持ち出さずとも道徳的要求を合理的と見なしうる

先に見たように、フットは、ある人が道徳的要求のことなど気にかけないからといって、それは不合理であるわけではない、と考える。そしてマクダウェルはこの点に賛成する。だがマクダウェルは、これと関連する点で、自らとフットの対立を浮き彫りにする。

フットによれば、人に対して道徳的要求を合理的要求として提示するには、仮言命法の形で、すなわち、「もしあなたがたまたま、道徳的でありたいという欲求を持っているのならば」という条件を付して提示しなければならない。これに対してマクダウェルによれば、道徳的要求を合理的要求として提示するのに、「道徳的でありたいという欲求」を持ち出す必要はない。語りかける相手が、状況を適切に捉えてくれればそれだけで十分である。状況を適切に捉えることのうちには、行為せよとの状況からの要求を捉えることが含まれるからである。もちろん、語りかける相手が道徳的なものの見方を持っていることが前提である。すでに序章や第一章で見たように、道徳的要求の合理性が問題になる場面で、そのことを前提してさしつかえない（むしろ前提するのが当然だ）というのがマクダウェルの立場である。

そこでマクダウェルは、たとえば次のように言う（「道徳的要求は仮言命法か」第六節最終段落）。

なぜ私は道徳の命令に従わなければならないのか、という問い〔Q〕は、有徳に行為すれば、道徳外のどんな動機を満足させられるのか、の問い〔Q1〕として理解するのがいちばん自然である。だが、そう理解してしまったら、その問いに答えなどありはしない。むしろ次のことなら起こるかもしれない。すなわち、ある人が、有徳な人のものの見方を我が物にするように仕向けられ、その結果、その問いを問う必要をもはや感じなくなる。状況ごとにその人は、自分がしかるべき仕方で振舞わなければならないのはなぜなのかがわかるようになる、ということなら起こるかもしれない。

だが、いまその人が持っている答えは、先の問い〔Q〕を〔Q1とは〕違ったやり方で解釈したものに対する答えなのだ。（邦訳五九頁）

こうしてマクダウェルは自らの認知主義的な考え方を、道徳の命法は仮言的であるというフットの主張に対してぶつけていく。

その文脈でマクダウェルは「プルーデンスの要求」(5)を話題にする。事柄としてどれだけ重要かは措くとして、どういう話なのかを説明しておこう。プルーデンスの要求とは、行為者自身の未来の幸福・利益のために、現在ある行為をせよとの要求である。たとえば、後で困らないようにいまトイレに行っておけ、というような要求である。ある人がある状況で、ある行為をせよとのプルーデンスの要求を認めたとする。その人へのその要求を理解するために私は、その人が状況をどう捉えたかを理解すれば十分であり、状況のその捉え方と独立に理解できる欲求など持ち出さなくてもよい、ということをある場所でフットは認めている。マクダウェルは言う。プルーデンスの要求についてそのことを認めてくれるフットなら、道徳的要求についても同じことを認めてくれてよいではないか。というのも、プルーデンスの要求の場合も、道徳的要求の場合と同じく(6)、Aさんが状況のうちにどんな要求を認めたのかはじめ私には理解できなかったが、やがて、Aさんがある欲求を持っていることに気付くことによって、それが理解できるようになった、ということがありうる。たとえば私は、未来の自分をできるだけ幸福にしたいという欲求をはじめ理解できなかったが、やがて理解できるようになった、というように。フットは、プルーデンスの要求の場合、そのように、欲求に言及しようと思えばできるにもかかわらず、状況の捉え方にのみ言及し欲求には言及しない説明方式を是認してくれるのなら、道徳的要求の場合にも同様の説明方式を是認してくれてよいはずだ。フットに対するそのような対人論法をマクダウェルは繰り出す。

徳の要求

「道徳的要求は仮言命法か」のこれまでの部分（〜第八節）でマクダウェルは道徳的要求について論じてきた。だが最後に（第九節〜第一一節）、徳の要求に話題を移す。徳の要求は道徳的要求の一種である。一方で、道徳的要求については次のような場合がある、とマクダウェルは言う。すなわち、ある人があることをするよう道徳的に要求されているのだけれども、そのことをするなという別種の要求も同時になされており、後者の要求が道徳的要求に重さでまさる、という場合である。たとえば、このゴミをそのゴミ箱まで持っていけ、という道徳的要求が、「ぎっくり腰で激痛が走るから、このゴミはここに置かせてもらえ」という激痛回避の要求によって凌駕される、という場合を考えればよいだろうか（この場合、ゴミをこの場に置かせてもらうことは、道徳的に許されるものと想定しているわけだ）。他方で、徳の要求がなされているときにはつねに、この要求に応じるのが道徳的に正しい。徳とは、それぞれの場面で、道徳的に言って何をなすべきかを見て取る能力のことだからである。（人が行為しうるすべての場合に徳の要求がなされるとは限らないことに注意。）

マクダウェルは、徳の要求はある意味（D）で定言的だと考える。Dの意味とは、まとめれば次の通りである。

ある行為をせよとの、あるタイプの要求は、他のタイプの要求によって「黙らされる」ことも、「重さでしのがれる」こともないなら、定言的である。他方、「黙らされる」か「重さでしのがれる」ことがありうるなら、仮言的である。（後者のタイプの要求が「仮言的」と言われるのは、そのタイプに属する要求が行為者によって聞き届けられ、それに則って行為がなされるためには、〝その要求を黙らせたり、重さでしのいだりする別の要求が存在しない〟という仮定条件が成立していなければならないからである。「黙らされる」、「重さでしのぐ」については、「徳と理性」第三節を参照。また、本書第一章第2節における、「徳と理性」第五節の解説の箇所と、本書索引「黙らせる」を参照。）

マクダウェルは、徳の要求だけが、このDの意味で定言的だと論じる。すなわち、徳の要求以外のいかなるタイプの要求も、徳の要求によって「黙らされ」うる。だが、徳の要求は、他のいかなるタイプの要求によっても、「黙らされる」ことも「重さでしのがれる」こともない、というのだ。これはもちろん、徳の要求を徳の要求として認める人において、ということである。

これは、マクダウェルによる徳の概念からして、当然のことだとも言える。というのは、ある状況で、行為者になすよう徳が要求していることは、その状況の関係しうるすべての事情を考慮にいれたうえで決定されたものだからである。だが、このような、「黙らされる」ことも「重さでしのがれる」こともないタイプの要求が存在するという事実は指摘に値しよう。

再びカント倫理学の基本主張に戻ろう。カントは、道徳の命法が理性的行為者の意志に働きかけるやり方を、ある意味で至高のものと見なしている。フットは、それは道徳の命法の力の過大評価だとして、カントを批判した。道徳の命法は、反道徳者（道徳そのものに対して筋の通った反抗を決め込む者）の理性には訴えかける力を持たないのだ、と言って。

マクダウェルは、それはその通りだとしながらも、カントの基本的主張——道徳の命法が理性的行為者の意志に働きかけるやり方は、ある意味で至高である、という主張——を擁護する。すなわち、徳の要求は、これを認める者にとって、他の要求によって打ち負かされることはない、という意味で、カントの洞察は正しいと見なしうる、と言うのである。

フットとマクダウェルの以上のやりとりは、カントが実際にどう考えていたかについての哲学史的議論というよりは、カント解釈をきっかけとする、道徳心理学上の得意技の出し合いとして読むことができよう。フットが、エチケットのルールの存在や反道徳主義の可能性が持つ倫理学的含意を示してみせれば、マクダウェルは認知主義の立場をいくつかの角度から肉付けしてみせる、というわけだ。

第三章　「外在的理由はありうるか」

本章ではマクダウェルの論文「外在的理由はありうるか」（Might There Be External Reasons?）を紹介する。バーナード・ウィリアムズは一九八〇年刊のロス・ハリソンの編集による論文集『合理的行為』[1]に「内在的理由と外在的理由」（Internal and External Reasons）を発表した。この論文は翌年刊のウィリアムズの論文集『道徳的な運』[2]に再録された。[3]マクダウェルの「外在的理由はありうるか」は「内在的理由と外在的理由」への挑戦として書かれ、まず、J・E・J・オールスハムとハリソンの編集による『世界、心、倫理——バーナード・ウィリアムズの倫理哲学についての論文集』（一九九五年）[4]に発表された。[5]

本章では第1節でウィリアムズ論文を、第2節でマクダウェル論文を紹介しよう（マクダウェル論文自体がウィリアムズの議論の要約で始まっている）。

1　ウィリアムズ「内在的理由と外在的理由」

ウィリアムズの内在主義を規定する第一段階

主題となるのは、行為の理由（加算名詞として用いられた'reason'で表される）の有無である。言い換えれば、「Aさんには、かくかくの行為をする理由がある（＝かくかくの行為をする理由をAさんは持っている）」とか、「Aさんがかくかくの行為をする理由が、存在する」といった言明の真偽である。（このように、フレーゲ、ラッセルが地ならしをした分析哲学的議論では、哲学の問題をできるだけ文の真偽の問題として定式化しようとする傾向がある。）

いま挙げた二つの文には、たしかにニュアンスの違いがありうる。前者の文には、Aさんが、自分がかくかくの行為をする理由が存在することを（基本的には）自覚している、という含意が感じられるかもしれないのに対して、後者の文は、Aさんがそのことを自覚しているかどうかについて中立的である、と言えるかもしれない。（だから、前者のような文を口にしてもよさそうな場面で、人がわざわざ後者のような文を発語するとしたら、〝Aさんは、自分がかくかくの行為をする理由が存在することに無自覚である〟という含みが出るかもしれない。）だが、ウィリアムズとマクダウェルの論争を紹介する本章では、これら二つの文のそのような違いはほとんど問題にならない。むしろ、両論者とも、〝Aさんは、かくかくの行為をする理由を持っているのに、まだそのことに気付いていない〟という言い方は場合により真であることを認める。そこで本章の以下では基本的に両文を一括して論じることにする。

行為の理由の有無についてウィリアムズは、「内在主義」[(6)]と呼びうる一つの立場を打ち出している。この立場がいかなるものかを、二つのステップを踏んで規定していこう。まず、わりと単純で信憑性が乏しい第一の立場を提示する。次に、これにある限定を加えることで、より信憑性のある第二の、ウィリアムズの立場にいたる、という手順で説明していこう。

だがその前に、その規定で用いられる語について説明しておく。キー・タームは「動機（motive）」である。～しようとする動機とは、～したいという思い、関心、傾きのことである。動機として、欲求（desire）が代表的である。空腹を満たしたいという欲求、就職したいという欲求など。実際ウィリアムズは「内在的理由と外在的理由」で「欲求」の語を、広く「動機」と同義に用いてもいる。だがそれは哲学用語としての特殊な用法においてである。日常的には欲求と呼ばれないものも、動機には含まれる。たとえば、価値判断の傾向性（自他のあいだで公平でありたいとする傾向性など）、情緒的反応のパターン（人に優しくしようとする反応パターンなど）、忠誠心（自分の属するかくかくの団体に尽くしたいという心など）、プロジェクト（男女共同参画推進プロジェクトなど）も含まれる。[(7)]ある動機の充足は、ある行為によって実現されたり促進されたりする。空腹を満たしたいという欲求の充足は、食事をとることによって実現される。男女共同参画推進プロジェクトは、要職に女性を採用することによって促進される。[(8)]人は、自分がある動機を持っているとき、そのことを自覚している、とウィリアムズが見なしていると考えてよかろう。

では、ウィリアムズの立場の規定に向けた第一段階として、わりと単純な、信憑性のない立場を提示しよう。この第一の立場によれば、Aさんがかくかくの行為をする理由が存在しうる（あるいは、Aさんには、かくかくの行為をする理由がありうる）[9]のは、次の二つの場合に限られる。すなわち、(ア)かくかくの行為をすることによって充足される動機をAさんが持っているか、あるいは(イ)かくかくの行為をすることは、Aさんが持っているある動機を充足するための手段として、その充足を促進するか、のいずれかの場合に限られる。空腹を満たしたいという欲求をAさんが持っているのならば、Aさんが空腹を満たす理由があるかもしれない（「理由がある」と断定せず、「あるかもしれない」としか言わないのは、空腹を満たすことが別の動機の充足の実現や促進の妨げとなるために、「Aさんが空腹を満たす理由がある」とは言えないかもしれないからである）[10]。人に優しくしたいという傾向性をAさんが持っているのならば、Aさんがこの人にかくかくの優しいことをする理由があるかもしれない。だが、私を殴ることによってその充足が実現されたり促進されたりするような動機をAさんが持っていないのならば、Aさんが私を殴る理由はありえない（たとえ第三者が、Aさんが私を殴ることにどれほど重要な意味を見出しているのだとしても）。

このわりと単純な立場でさえ、次のことを認める柔軟さをそなえている。すなわち、ある動機を持っているAさんが、たとえかくかくの行為をすることは、その動機を充足するための手段として役立つということに気付かずにいるとしても、〈Aさんは、しかるべき推論を行なうならばそのことに気付くであろう〉と言えるのならば、Aさんがかくかくの行為をする理由は存在しうる、ということは認められている。たとえば、Aさんが私を叱れば、男女共同参画は推進されるのだが、Aさんはいまそのことに気付かずにいるとしよう。そして、Ａさんは、しかるべき推論を行なうならばそのことに気付くであろう、と言えるとしよう。その場合、Ａさんが私を叱る理由は存在しうる、ということが、この第一の立場によっても認められているのである。

このように、このわりと単純な立場によっても、自覚せぬままに人は、ある行為をする理由を持っているかもしれない。言い換えれば、自分がする理由のある行為を発見していく余地がある。そしてある人が別の人に「あなたは、自分がかくかくのことをする理由などないと思っているけれども、実はあるのではないか」と言う余地もある。ただしこの第一の立場では、行為の理由の存在に気付かないでいる可能性はひとえに、可能な推論の結果に気付かずにいる可能性として確保されており、気付かなかった理由を発見する手立てとして、もっぱら推論のみが念頭におかれている。

ウィリアムズの内在主義の最終的規定（規定の第二段階）

さてウィリアムズは、この第一の立場よりもさらに柔軟な立場を奉じている。この第二の立場によれば、人が、自分がある行為をする理由があるのに、はじめ気付かずにおり、やがて気付くようになる、というのは、ある動機を充足する手段を推論によって見出す場合に限られない。一つには、ある動機を充足するやり方を想像力の働きによって見出す場合も含まれる。たとえば、ある人が、今夜楽しく過ごしたいと思っているが、何をすればよいのか、はじめはわからなかった。だがやがて、今夜を楽しく過ごす具体的なやり方として、しばらく会っていなかったあの友人と会うことを思いついた（そういうイメージがぱっとひらめいた)。そしてその人は、自分が友人と会う理由があることを発見した、という場合を考えよう。このように、一般的に、漠然としか特定されていない動機の充足を実現・促進する具体的なやり方を思いつくのは、想像力の働きと言える。

さてウィリアムズによれば、このように人が、自分がある行為をする理由を持っていることに、はじめ気付かなかったけれども気付くようになるのは、――推論によったり、想像力の働きによったりと、色々なやり方があるにせよ――自分が持っていることを自覚している動機から出発して、思案[11]することによってである。だから、確かに、誰かがAさんに「あなたは気付いていないけれども、実は、あなたにはかくかくのことをする理由があるのだ」と言うことが真である場合が存在しうるのだけれども、それは、Aさんが自覚的に持っているある動機から出発して、推論に訴えるのであれ想像力に訴えるのであれ、Aさんに納得してもらう思案の筋道が存在する場合に限られるのだ。

いま誰かがAさんに「あなたは神に仕えるようにと神によって創られたのだから、あなたには、かくかくのことをして神に仕える理由がある」とか、「あなたは○○家の一員なのだから、かくかくのことをして○○家に奉仕する理由がある」と言うとする。だがAさんは、創造主たる神をまったく信じていない――したがって、Aさんが自覚的に持っているいかなる動機から出発して、推論能力や想像力をいかに駆使して思案しても、神に仕えたいという思いを持つにはいたらないであろう――とする。(人は推論能力や想像力を適切に用いて思案すれば神を信じるようになるはずだ、という考えもありえようが、ここではその考えは度外視する。それは神を信じておられる方のおっしゃることでしょう、と素っ気なく応じることにする。）同様にAさんは、自分が属する家に奉仕しなければという思いを持っていないだけではない。自分が自覚的に持っているいかなる動機から出発して、いかに思案しても、そういう思いを持つにはいたらないであろう、そういう状態にあるとする。その場合、ウィリアムズによれば、Aさんに「あなたには神に／○○家に奉仕する理由がある」と言うのは偽である。そんなことを言ってAさんに迫るのは、「理由」の威を借る「こけおどし（ブラフ）」だ。話者自身の信念を、さもそれ以上のものであるかのように見せかけつつAさんに押しつけているだけであり、合理性に関する限り、そんなものは無視してよい、ということになる。

ここで、行為の「内在的理由」、「外在的理由」というウィリアムズの用語を紹介しよう。ある行為者がある行為をする内在的理由とは、その行為者がその行為をする、次の場合には存在しえなかったであろう理由である。すなわち、その行為者が〈その行為をなせば、自分の持つ何らかの動機の充足が実現ないし促進されるであろう〉ことに、目下気付いてもいないし、また、自分が自覚的に持ついかなる動機から出発してのいかなる思案によっても、〈その行為をなせばその動機の充足が実現ないし促進されるであろう〉と認めることになりえないであろう場合である。他方、ある行為者がある行為をする外在的理由とは、その行為者がその行為をする、いま述べた場合にも存在しうる理由である。するとウィリアムズの主張は次のように言い表されることになる。すなわち、行為の理由（すなわち、〈不当にであれ行為の理由として言い立てられうるもの〉でなく、真に行為の理由であるもの）はすべて内在的理由である。行為の外在的理由など存在しない、と。ウィリアムズのこの立場は、行為の理由についての内在主義と呼ばれる。[12] 他方、行為の理由として、外在的理由も存在する、という立場は外在主義と呼ばれる。
以上が、論文「内在的理由と外在的理由」におけるウィリアムズの主な主張である。

すべき理由がないことをしてしまう理由

補足として、「内在的理由と外在的理由」の中でウィリアムズが述べている一つの興味深い論点を見ておこう。それは、行為者が、偽なる信念に基づいて行為する場合に関わる。

二つの場合を較べよう。第一に、Aさんの前にグラスがあり、中に焼酎が入っている（ウィリアムズ自身の例ではむろんジンである）。Aさんは、焼酎を飲みたいという欲求を持っている。グラスの中の液体を飲むことによって、その欲求は充足される。だから、Aさんがグラスの中のその液体を飲む理由（飲むべき理由）がある。

第二の場合はこうだ。Aさんの前にグラスがあり、中に透明な液体が入っている。Aさんはそれが焼酎だと思っているが、実はガソリンである。この場合、Aさんがグラスの中の液体を飲むべき理由はない。それを飲むことは、Aさんが持っているいかなる動機の充足をも、実現も促進もしないのだから。だが、Aさんがグラスの中の液体を飲んでしまうとしよう。飲んでしまうことには、理由がある、と言える。Aさんは、焼酎を飲みたいという欲求を持っており、また、グラスの中の液体が焼酎だと思っていたからだ。ここで、Aさんがグラスの中の液体を飲むという行為は、出来事として捉えられ、これを生み出す因果的メカニズム（欲求＋信念→行為）に訴えて説明されている。

2　マクダウェルのウィリアムズへの挑戦

前節（第1節）でウィリアムズの「内在的理由と外在的理由」の内容を見たところで、本節（第2節）ではいよいよ、「外在的理由はありうるか」でマクダウェルがウィリアムズにいかなる挑戦を行なったのかを見ることにしよう。

行為の外在的理由は存在しうる

ウィリアムズが示した多くの論点にマクダウェルは賛成する。一つには、「こけおどし」批判に賛成する。すなわちウィリアムズと同様マクダウェルも、次のような場合があることを認める。すなわち、ある事柄（前節で挙げた例では、神への奉仕や家への奉仕）が、Aさんが持つ動機などに照らして、Aさんにはまったく関心のないことであるにもかかわらず、ある人がその事柄を持ち出して、Aさんに「だからあなたにはかくかくのことをする理由がある」と迫るのは不当である、という場合である。

だがマクダウェルは、ウィリアムズ論文の基本主張に反対して、行為の外在的理由は存在しうる、と主張する。すなわち、次のような場合がありうるというのだ。――(1)Aさんは、かくかくのことをしようという動機をいま自覚的に持ってはいない。かつ(2)Aさんは次のような状態にもない。すなわち、〈Aさんがいま自覚的に持っている何らかの動機から出発しての、推論や想像などによる思案〉を行なえば、かくかくのことをしようという動機を自覚的に持つにいたるであろう、という状態にもない。にもかかわらず、(3)Aさんがかくかくのことをする理由が存在する。(1)、(2)、(3)を同時に満たす場合がありうる、とマクダウェルは主張するのである。

それはつまりこういう場合だ。条件(2)に関しては、たしかにAさんは、自分がいま自覚的に持っている動機から出発して思案を行なっても、かくかくのことをしようという動機を自覚的に持つにはいたらないだろうけれども、しかし、(2)'思案とは別のある過程を通じてなら、かくかくのことをしようという動機を自覚的に持つにいたるであろう。その限りにおいて、(3)Aさんがかくかくのことをする理由が存在する。そういう場合である。

〈条件(1)、(2)が成り立っているとき、(2)'さえも満たされないのならば、(3)はやはり成り立ちえないだろう、とマクダウェルは考える。その場合にあたかも(3)が成り立っているかのように、Aさんに「あなたにはかくかくのことをする理由がある」と迫るのは、マクダウェルから見ても「こけおどし」になるわけだ。〉

(2)'で言われる過程とはいかなるものか。すなわち、〈Aさんがいま自覚的に持っている何らかの動機から出発しての、推論や想像などによる思案〉ではないところの、しかし、その過程を通じて、かくかくのことをしようという動機をAさんが自覚的に持つようになりうるような過程とは、いかなるものか。マクダウェルが挙げるのは、幼少の頃のしつけと、物心ついてからの、回心のような開眼の体験である。たとえば、幼児が大人から「お年寄りには席を譲りなさい、親切にしなさい」と言い聞かされたりしているうちに、お年寄りには席を譲るなど、親切にしようという動機を自覚的に持つようになる場合、また、バロック、古典派、ロマン派の音楽しか聴かなかったクラッシック・ファンが、あるとき十二音音楽の世界に目覚める場合のことを考えればよかろう（十二音音楽はマクダウェル自身の挙げている例である）。以下で筆者は、マクダウェルの意を汲んでの説明を試みる。

お年寄りに親切にすることを学んだ子は、次のような内容のことを思うかもしれない。わたし／ぼくは、いままではわがままだったからわからなかったけれども、自分がお年寄りに親切にする理由があったんだ、それがようやくわかった、と（幼い子供がまさにこのような語彙を用いて思考する必要はない）。また、そのクラッシック・ファンは次のように思うかもしれない。いままでは食わず嫌いだったからわからなかったけれども、自分が十二音を聴く理由があったのだ、それがようやくわかった、と。（十二音音楽など所詮無価値だとお思いの読者はこの例に説得力を認められないだろう。適宜、別のアイテムと置き換えられたい。ジャズではどうだろうか[13]。）その子やそのクラッシック・ファンは、新しいものの見方を学び、ある行為の理由の存在を学んだと言えよう。

その子が、お年寄りに親切にする理由があることに気付くようになったのは、また、そのクラッシック・ファンが、十二音音楽を聴く理由があることに気付くようになったのは、〈それぞれがすでに持っていた動機から出発しての、推論や想像などを用いる思案〉によってではない。その子が与えられたのはしつけである。大人がただ言って聞かせただけなのか、「ほら、あのおばあさんに席を譲ってあげなさい。あ、よくできた、いい子だねえ」とか、「譲ってあげないのかい？　冷たい子だねえ」といった賞罰を交えていたかどうかにかかわらず、その過程でなされたのは、権威に支えられての、特定の価値観の仕込みである。そして、仕込まれた価値観にいまは、理由を見出しつつコミットしている。そのクラッシック・ファンが受け取ったものは、十二音音楽を愛する友人の熱弁や、その音楽の魅力についての、評論家による巧みな表現や説明であったかもしれない。また、本人が十二音音楽に粘り強く耳を傾け続けたことも、開眼に大きく貢献したことだろう。そして、開かれた耳でいまは十二音のよさを堪能し、存在理由を認めている。

たしかにその子も、そのクラッシック・ファンも、当該の新しいものの見方を学ぶにあたり、自分がすでに持っている関連する認識を活用したかもしれない。たとえばその子は、パパやママがうんと疲れているときには、お手伝いしてあげなくちゃ、ということはわかっていて、お年寄りに対しても同じことなんだな、と納得したのかもしれない。そのクラッシック・ファンは、マーラーなら自分にもまだわかる、というので、マーラーのうち無調に近い部分を、十二音の世界への導きとしたかもしれない。だがここで、その子やそのクラッシック・ファンが既存の認識を仲立ちにして新たな認識を達成した過程もまたやはり、〈めいめいがすでに持っていた動機から出発しての、推論や具体化的想像などによる思案〉ではない。いままでしたいと思わなかったことをしたいと思うようになる過程として、そうした思案の過程を「デフォルト」と見なすのなら、パパやママを助けることからお年寄りの他人を助けることへ、マーラーを聴くことから十二音を聴くことへのその移行は一種の「跳躍」と言うほかない。——以上、マクダウェルのテクストで表立って言われていない論点を多分に盛り込みつつ、マクダウェルの論点の説明を試みた。

つまり、その子やそのクラッシック・ファンのものの見方に起った変化は、推論や思案が合理的過程であるという意味では合理的でない。だから、別の子や別のクラッシック・ファンが、同じようなしつけ、同じような音楽的「伝道」によって動かされないとしても、その状態をその意味で不合理と呼ぶことはできない。（その意味で不合理であるのは、たとえば、前提Aも前提Bも受け入れ、AとBとからCが帰結するということも受け入れているのに、断固Cを受け入れない、といったことである。）たとえば道徳の権威を受け入れないことも、その意味では不合理ではない、とマクダウェルは言う。(14) だが、しつけを受けることや、回心のような開眼の体験は、いままで気付かなかった理由の存在に目を開く過程である。(15) それ自身は合理的でない過程を通じて、合理性のある領野に参入する、ということはあるのだ。

こうしてマクダウェルは、外在的理由が存在しうることを示す。

欲求についても合理性が問われうる

実践的合理性の捉え方をめぐるウィリアムズとマクダウェルの対立は、マクダウェルによっていくつかの形で整理されている。

一つの整理はこうである。一方のウィリアムズは、人が物事を正しく捉える過程を代表するのは推論だと考えるが、他方のマクダウェルはこれに反対する。われわれが本章で見てきたとおりである。「外在的理由は存在しうるか」の最終段落でマクダウェルは、実践理性（reason）と実践推論（reasoning）を区別することが、外在的理由が存在しうることを示すための鍵であると述べる。

関連するもう一つの整理はこうである。ウィリアムズによれば、欲求それ自体については、合理的とも不合理とも言えない。実践的合理性は、現にある欲求をどうすれば充足できるかに関わる。これに対してマクダウェルは、欲求自体についても合理性・適切性が問われうると考える。人の欲求は、一つには、しつけを受けることを通じて具体的な形をとる。そして、道徳的に言って適切なしつけとそうでないしつけがある、と言うのである。この点は、先の序章の第5節で述べた点と繋がる。

まとめに代えて——第七節の引用

本章のまとめに代えて、「外在的理由はありうるか」最終節を引用したい。（邦訳にあたっては、複雑な構文のセンテンスを複数の文にばらすだけでなく、ここではとくにたくさんの語句を補うことにする。マクダウェルの文章がいかに引き締まっているかがおわかり頂けるだろう。）

ある行為者にあてまはる、行為する理由（「ある行為者が持つ、行為する理由」と言い換えてもよかろう）を〔その行為者が、それまでは正しく見ていなかったのだが、あるとき〕正しく見るようになったとしよう。すなわち、〔その行為者が〕当該の物事を正しく捉えるようになったとしよう。〔正しい見方への〕この移行は、行為者が推論〔強調引用者。ここでは、前提から帰結を論理法則に則って導出する、という狭義の推論ではなく、思案と同義の、すなわち、想像力による具体化的特定をも含む、広い意味での推論であろう〕を行なうことによってしか引き起こされえない、とウィリアムズは想定している。〔そして、行為の外在的理由はありえないという結論を支持するための〕ウィリアムズの議論は、この基本的想定に決定的に依拠しているのである。〔行為の理由には〕内在的理由〔しかありえないとするウィリアムズの〕アプローチによって、〔行為者が行為の理由を正しく見るようになる〕その移行が説明されるさい、その移行がなされる可能性は——したがって、〔行為の〕理由の正しい見方の内容は——、その行為者がそこから始める〔すなわち、行為者がその移行の前にすでに持っている〕動機上の方向性によって決定されている〔と見なされる〕。もし人が、〔行為の〕理由の正しい見方がそのように〔すなわち、行為者がその移行の前にすでに持っている動機上の方向性によって〕決定されているというのはおかしいのではないか、と思うならば、そこでとりうる別の道として、次のようなある種の推論〔強調引用者〕を措定するという道しか、〔ウィリアムズの〕その基本的想定の下では残されていないことになる。すなわち、実践的な推論ではあるのだが、その推論を行なう者の動機によって形作られているわけではないような推論、これを措定するという道しか残されていないことになる。するとこれはまるで、〈情念〉と対立するかの無血無情の〈理性〉の働き、とされるものとそっくりなのだ。すなわち、道徳心理学のよく知られた魅力なき一ジャンル——まともに相手にすることがヒュームのおかげで難しくなったジャンル——〔ようするにヒュームのだめな道徳心理学〕における、かの〈理性〉の働きとされるものとそっくりなのだ。

私が示唆してきたのは、〔ウィリアムズの〕かの基本的想定〔すなわち、行為の理由の正しい見方への移行は推論によってしか起こらないという想定〕が事態を歪めているということだ。〝実践的理性には、〔行為の理由として〕内在的理由〔しかありえない〕という捉え方によって認められるよりも、豊かな実質があるのだ〞と説くために、実践的推論についての、〔この〕内在的理由〔論ならでは〕の描像を補完しようとする必要はない。これら二つを区別すれば、われわれは、次の二者から一つを選ばなくてもよくなる。すなわち、第一に、ある行為者が持つ、行為する理由の正しい見方は、その行為者がいま現に持っている諸「情念」によって〔間接的に、思案を通じて〕決定される、と解する、という選択肢。これはウィリアムズの、〔行為の理由は〕内在的〔理由でしかありえないとする〕アプローチである。第二の選択肢は次のものだ。すなわち、〔ある行為者が持つ、行為する理由の正しい見方は、〕無情の〈理性〉によって決定される、と解する、というものだ。実際ウィリアムズは、第一の選択肢に代わるものとしてこの選択肢しか認めない。〔だが〕われわれは、〔一方の、〕実践理性を心理主義的に捉えることと、〔他方の、〕実践理性を諸「情念」に対して超然とした、動機付けエネルギーの自律的源泉として捉えることと、のうちから選ばなくてもよいのだ。このように〔すなわち、その二者から選ばなくてもよいのだと〕考えれば、実践理性の探究のための適切な場所が示唆されてくる。人間には何をする理由があるのか、ということに対して、人間の心理のありようはたしかに疑いようもなく関連しているのであり、実践知性の適切な探究は、そのことを踏まえうるのでなければならない。目下の問題についての正しい考え方は、次の〔両極端の〕間にある。すなわち、第一に、内在的理由〔論〕がそれであるところの、個人主義的心理主義。そして第二に、ウィリアムズの議論構造が認める唯一の選択肢がそれであるところの、いわば非心理主義。これら〔両極端〕の間にこそ正しい考え方があるのだ。（邦訳九六〜七頁）

第四章　「価値と第二性質」

本章では、マクダウェルが一九八五年刊のマッキーの追悼論文集[1]に寄せた論文、「価値と第二性質」（Values and Secondary Qualities）[2]の内容を紹介する。この論文はマッキー、マクダウェル、R・M・ヘアによる、マッキー『倫理学――道徳を創造する』（*Ethics: Inventing Right and Wrong*）（Mackie 1977）の演習におけるマクダウェルの発表を膨らませたものとのことだ。本論文でマクダウェルは、マッキーの著作として、『倫理学』だけでなく『ロックからの諸問題』（Mackie 1976）にも言及しつつ、マッキーに対する反論を展開している[3]。（なおマクダウェルの論文集『心、価値、実在』の第二グループ「理性、価値、実在」には、この「価値と第二性質」のほかにも、「美的価値、客観性、そして、世界という織物」という、マッキーの立場を論じた論文[4]が含まれているが、これは『徳と理性』に収録されていないので、本書でも論じない。両論文の論点は大きく重なっている。）

「価値と第二性質」でマクダウェルは、マッキーだけでなくブラックバーンをも批判している。その論じ方から、マクダウェルはマッキーの立場よりもブラックバーンの立場の方をより有望だと見なしていることが透けて見える。つまり、マクダウェルから見れば、マッキーはやや脇が甘いということになろうか。

本章の節立て（第1節〜第5節）は、「価値と第二性質」の節立て（第一節〜第五節）に対応する。

1　マッキーの、価値の反実在論

「価値と第二性質」第一節でマクダウェルは、マッキーが取る立場を説明する。本節（第1節）でこの説明を紹介するさい、先回りになるが、マクダウェル自身の立場についても述べ、両者が同意する点、対立する点を素描しておこう。

マッキーは、価値（道徳的価値や美的価値）は実在しないと主張する。これに対してマクダウェルは価値の実在性を擁護する。すでに序章でも触れたが、実在する／しないとは、世界の内に存在する／しない、というのと同じである。このようにマッキーやマクダウェルは「世界」という語を用いるが、本章の話題に関する限り、その語に、「広大」なものであるとか、事物の「一切合財」という意味合いは特にない。むしろ、一方の、本当に世界の内にあるものと、他方の、世界の内にあるとわれわれは思うが、実はそうではないものとの対比が眼目である。

物質が実在することは、マッキーもマクダウェルも認める。マッキーは、物質とは違って価値は実在しない、と主張し、マクダウェルは、物質と同じく価値も実在する、と論じているわけだ。

マッキーもマクダウェルもともに認めるもう一つのことは次のことだ。すなわち、われわれは日常、価値は実在するものと見なしている、ということだ。だがマッキーは、われわれのこの日常的な見なしは誤りである、と主張する。これに対してマクダウェルは、われわれのこの日常的な見なしを誤りと断ずる必要はない、と論じる。

先回りついでに、もう一点、あらかじめ述べておこう。両哲学者の論争において、ロックによる第一性質と第二性質の区別が話題になる（詳細は後述）。マッキーもマクダウェルも、価値を第二性質のようなものと捉える。だが、マッキーは、第二性質は対象の性質として実在するものではない、と考える。これに対してマクダウェルは、第二性質は対象の性質として実在すると考えうる、と論じる。

「価値と第二性質」第一節でマクダウェルは言う。価値の実在性を否定する論者のなかには、その理由を次のように説明する者がいる。すなわち、〈われわれが事物のうちに価値を認めること〉のうちには、〈われわれが事物のうちに認めたものによって、われわれの態度や意志が動かされる〉ということが含まれている。ところが、事物のありのままの姿がわれわれの態度や意志を動かすことなどありえない（事実とかその認識という概念そのものからして、ありえない）、と説明する者がいるのだ。たとえばブラックバーンがそうだ。こう考える者が価値の実在性を否定するのならまだわかる、とマクダウェルは言う。だが、マッキーはそのようには考えない。では、なぜマッキーは価値の反実在論を取るのか。

2　マッキーはなぜ価値の反実在論を取るのか

「価値と第二性質」第二節でマクダウェルは、マッキーが価値の反実在論を取ってしまう理由を次のように診断する。

価値は、本当は実在などしていないのに、われわれは日常的に、価値が実在するものと、誤って思ってしまっているのだ、と考えるマッキーは、われわれのその思い違いをどういう思い違いとして説明するのか。ここでマッキーは、知覚のモデルに訴える。いささか先回りして述べれば、マクダウェルは次のように言う。すなわち、価値に関連する経験を説明する場面で知覚のモデルに訴えること自体はよく理解できるが、マッキーは価値経験を知覚モデルで説明するさい、ある勘違いをしているのだ、と。

マッキーによれば、われわれが日常的に、価値は実在すると思っているとき、われわれは、価値は第一性質のようなものとして実在すると思っている（これに対して、マクダウェルによれば、われわれは、価値は第二性質のようなものとして実在すると思っている）。確かに、マッキーのように、価値経験を第一性質モデルで理解すれば、われわれの思いが間違っているという点は、あるしかたで説明がつく。というのは、さきほども触れたように、われわれの価値経験のうちには、それによってわれわれの態度が呼び起こされるということが含まれている。さて、第一性質とは、われわれが物事を感受する方式とは独立に存在している性質である。だから、かりにわれわれが第一性質を知覚するとしても、その知覚経験は、価値経験がするようなしかたでわれわれの態度を呼び起こすはずがない。このようにして、価値が第一性質のようなものとして実在すると思うのは誤りであるということを説明できるのだ。

関連することだが、価値を第一性質のようなもの――われわれが物事を感受する方式とは無関係に、そこにあるもの――として捉えるならば、われわれがどういうメカニズムによって価値を認識できるのかがわからなくなってしまう。この理由からも、価値を第一性質のようなものと捉えるのは間違っている、という点が説明できることになる。

だがそれにしても、どうしてマッキーは、われわれが価値を第一性質のようなものとして捉えていると考えるのか。それはマッキーが、実在しない価値を実在するかのように見なすわれわれの間違い（とマッキーが考えるもの）を、ロックの言う〝実在しない第二性質を実在する第一性質であるかのように見なす間違い〟になぞらえて説明しようという目論見を持っているからである。ロックは、第二性質は対象の性質として実在するわけではない、と考えており、マッキーもこの考えに従っているわけだ。しかし、この考えは間違っている、とマクダウェルは主張する。つまりマクダウェルは、ロックによる、第一性質・第二性質についての議論のうち、両性質を区別するというアイディアは引き受け、具体的な区別のしかたに含まれる誤りを除去しようとしているわけだ。

3　第二性質とは何か

マクダウェルによる第二性質の理解

マクダウェルによれば、第二性質とは、まとめれば、次の条件を満たす性質である（言い換えれば、第二性質という概念は、次のように捉えれば、哲学的に使えるものになる、とマクダウェルは考える）。

その性質をある対象に帰するとはいかなることかを人が適切に理解しているとしよう。そのとき人は必ず、次のように理解しているのでなければならない。すなわち、その性質をある対象に帰することが真である場合、それが真であるのは何のおかげかといえば、〈その対象が、ある種の知覚的現われ――その性質を表すまさにその語によって特徴付けられうる――を示す傾向性を持っていること〉のおかげである、と理解しているのでなければならない。

この条件を満たす性質が第二性質である。

たとえば、赤は第二性質である。次のことが成り立つからである。

赤という性質をある物体に帰するとはいかなることかを人が適切に理解しているとしよう。そのとき人は必ず、次のように理解しているのでなければならない。すなわち、赤という性質をある物体に帰することが真である場合、それが真であるのは何のおかげかといえば、〈その物体が（しかるべき条件の下で）まさに赤く見えるようなものであること〉のおかげである、と理解しているのでなければならない。

第二性質についてのこのような規定をマクダウェル自身は、ロックの押さえ方に基本的に沿うものと見なす。

ただしマクダウェルは、第二性質のこの規定の中に〝とはいかなることかの適切な理解〟という項を含めている。これを含める必要がある、という事情を見ることにしよう。そのために、右の規定の「とはいかなることかを人が適切に理解している」を「ことが真であるということを人が知っている」に換えた、次の規定と較べてみよう。

その性質をある対象に帰することが真であるということを人が知っているとしよう。そのとき人は必ず、次のように理解しているのでなければならない。すなわち、その性質をある対象に帰することが真であるのは何のおかげかといえば、〈その対象が、ある種の知覚的現われ——その性質を表すまさにその語によって特徴付けられうる——を示す傾向性を持っていること〉のおかげである、と理解しているのでなければならない。

この条件を満たす性質が第二性質であると言えるだろうか。言えない。なぜなら、赤は第二性質だが、この条件を満たさないからだ、すなわち、次のことは成り立たないのだ。

赤という性質をある物体に帰することが真であることを人が知っているとしよう。そのとき人は必ず、次のように理解しているのでなければならない。すなわち、赤という性質をある物体に帰することが真であるのは何のおかげかといえば、〈その物体が（しかるべき条件の下で）赤く見えるようなものであること〉のおかげである、と理解しているのでなければならない。

これが偽であるのは、赤という性質をある物体に帰することが真であることを知っている人は、ことによると次のように理解しているかもしれないからだ。すなわち、赤という性質をある物体に帰することが真である場合、それが真であるのは何のおかげかと言えば、顕微鏡で捉えられるような、物体の表面状態のおかげである、と理解しているかもしれないからだ。

つまり、次のように理解している人、すなわち、赤という性質をある物体に帰することが真である場合、それが真であるのは何のおかげかと言えば、顕微鏡で捉えられるような、物体の表面状態のおかげである、と理解している人は、〈赤という性質をその物体に帰することが真であること〉を知ってはいるけれども、〈赤という性質（その第二性質）をある物体に帰するとはいかなることか〉を適切に理解してはいないのだ。

このマクダウェルの言う意味での第二性質と対比される第一性質とは、次の条件を満たす性質であることになる。

その性質をある対象に帰するとはいかなることかを人が適切に理解しているとしよう。そのとき人は必ずしも次のように理解しているとは限らない。すなわち、その性質をある対象に帰することが真である場合、それが真であるのは何のおかげかといえば、〈その対象が、ある種の知覚的現われ——その性質を表すまさにその語によって特徴付けられうる——を示す傾向性を持っていること〉のおかげである、と理解しているとは限らない。

たとえば、球形であるという性質はその意味で第一性質である。次の条件を満たすからである。

球形という性質をある物体に帰するとはいかなることかを人が適切に理解しているとしよう。そのとき人は必ずしも次のように理解しているとは限らない。すなわち、球形という性質をある物体に帰することが真である場合、それが真であるのは何のおかげかといえば、〈その物体が（しかるべき条件の下で）球形に見えるような（あるいは、触れて球形だと感じられるような）ものであること〉のおかげである、と理解しているとは限らない。たとえば、〈その物体の表面上のどの点も、中心と等距離にあること〉のおかげである、と理解しているかもしれない。

第二性質経験を日常われわれはどう理解しているかについてのマッキーの説明

「第二性質経験」(secondary-quality experience)という概念を導入しよう。たとえば、ものが赤く見えるという経験のことだ。ミソは、「第二性質の経験」とは言わないことだ。そう言うと、その表現そのものによって、第二性質(赤さ)の実在性が前提されてしまいかねない(「第二性質の経験」というのは、第二性質を経験することであろうが、実在しないものを経験できるはずがない、というわけで)。だが、第二性質が実在するかどうかはまさに、マッキーとマクダウェルの争点の一つなのだった。「第二性質概念」という言い方は、「の」を抜くことによって、第二性質が実在するかどうかに関して中立的であろうとするものだ。つまり、もし第二性質が実在するのなら「第二性質の経験」と呼びうるし、第二性質が実在しないならそうは呼びえないが、いずれにせよ「これは第二性質の経験だ」と少なくともわれわれに日常的に思われるような経験が、「第二性質経験」である。色は、第二性質が実在すると考える者が第二性質の代表例と見なすものであり、だから「色経験」(「色の経験」ではなくて)は「第二性質経験」の代表例である。

繰り返せば、ある事物に接して、第二性質経験(色経験)を持つときわれわれは日常的に、その事物が本当に持っている性質(色)を経験しているのだと思う。やはりすでに触れたように、マクダウェルによれば、われわれがそう思うとき、われわれはつねに騙されているのだ、と見なすいわれはない。

たしかにマクダウェルは、ある対象が第二性質を持っているかどうかについて、われわれが間違える可能性があることを認める。この物体はいま、この角度から見て赤く見えるけれども、本当に赤いのか、という点を、見る向きや光を調整したりして確かめる余地がある。マクダウェルが言いたいのはむしろ、赤いという性質の経験は（適切な条件の下で）赤く見えるという形を取るほかない、ということである。

これに対してマッキーは次のように考える。われわれがある事物に接して、第二性質経験（たとえば色経験）を持つとき、もし見かけに誘われるままに、その事物が本当にそういう性質（色）を持っていると思い込んでしまうとしたら、それは、次の二条件を同時に満たす性質をその事物に帰することにほかならないが、それは誤っている、と。

第一の条件とは、その性質を理解するために、その事物が生み出す傾向にある経験（色経験）に頼る必要がない、という条件。この条件が必要なのは、事物が本当に持っている性質は「完全に客観的」な性質でなければならないが、そのような性質は、第一性質――すなわち、それを理解するために、その事物が生み出す傾向にある経験に頼る必要がないような性質――でなければならないからである。

第二に、その性質は、〈われわれの経験のうちに現われる性質〉に類似している、という条件。この条件が必要なのは、問題になっている性質をこのように限定しておかないと、その性質を対象に帰することが誤りではなくなってしまいうるが、いま、対象に帰することが（マッキーにとって）誤りであるような性質を問題にしているからである。たとえば、色経験に基づいて、物体の表面にかくかくの色を帰するのは（マッキーにとって）誤りだが、かくかくの物理的状態を帰するのは誤りではない。いま問題にしているのが、物理的状態のほうではなく色のほうだということを確保しなければならない。そのために、〈経験のうちに現われる性質〉との類似という条件が必要なのだ。

　つまりマッキーによれば、われわれが日常的に、ある事物に接して色経験を持つとき、〝この事物が色という性質を持っている〟と思うとしたら、そのときわれわれは、〈われわれの経験のうちに現われる色〉に類似した性質をこの事物が持っている、と考えており、かつ、この事物が持つこの性質を理解するために、色経験に頼る必要はない、と考えているというのだ。

マッキーが日常的理解に帰する理解はそもそも不整合である

マッキーのこの考えに対してマクダウェルは言う。たしかに、右記の二条件を同時に満たすような性質を事物に帰するのは間違いである。だから、もしわれわれが日常的に、第二性質経験において、右記の二条件を同時に満たすような性質を事物に帰しているのだとしたら、たしかにわれわれは誤っていることになろう。だが、われわれが日常的に、そんな変なことをしているとは考えにくい。なぜなら、右記の二条件を同時に満たすような性質という概念など、そもそも不整合であって、われわれの日常的な思考が、いくら何でも、そんな概念を用いるほど混乱していると考える必要はないからだ。そうマクダウェルは論じる。

　むろんマッキー自身は、〈経験のうちに現われる色〉に類似した第一性質、という観念それ自体が不整合をはらむとは見なしていない。そのうえで、そのような性質が存在すると見なすいわれなどないことを、ひとえに経験的な論拠によって示すのだ（「価値と第二性質」第四節冒頭参照。本章の後の第4節参照）。

ではマクダウェルは、その観念が、マッキーは気付いていないどのような不整合をはらんでいると言うのか。〈経験のうちに現われる色〉に類似した第一性質について不整合なく考えることができるためには、前述の二条件に対応する、次の二つの要件が同時に満たされなければならない、とマクダウェルは言う。

第一に、〈経験のうちに現われる色〉は、それを持つ事物がわれわれにどう現われるかということに頼ることなく——その意味で、「現象的に」ではなく「中立的に」——理解できるのでなければならない。なぜなら、〈経験のうちに現われる色〉は、マッキーが事物に帰する第一性質を特定するためにわれわれに与えられた唯一の手がかりであって、もし〈経験のうちに現われる色〉をそれとして理解するために、事物のわれわれへの現われ方に頼らなければならないのだとしたら、マッキーが事物に帰する第一性質も、これを理解するために、われわれへの現われ方に頼らなければならなくなってしまうからである。

第二に、〈経験のうちに現われる色〉がそれに類似しているものとして問題の第一性質を押さえることができるための、類似性の概念をわれわれが手にしていなければならない。

これら二要件が同時に満たされなければ、〈経験のうちに現われる色〉に類似した第一性質について整合的に考えることはできない。

だがマクダウェルによれば、実は第一の要件は満たされない。〈経験のうちに現われる色〉は、それを持つ事物がわれわれにどう現われるかに頼らなければ理解できない。このことは、所詮色はマクダウェルの言う意味での第二性質であることからの当然の帰結である。

だが、たとえ第一の要件が満たされたと仮定しても、第二の要件は満たされない、とマクダウェルは論じる。すなわち、たとえ〈経験のうちに現われる色〉を、それを持つ事物の、われわれへの現われ方に頼らずに理解できたとしても、そのような〈色〉と第一性質との「類似」ということをどう理解したらよいのかわからない。問題の類似は、一方で、現象的側面における類似ではありえない。というのは、あるものとの現象的側面の類似によっておさえられるような性質は、マッキーが述べた二条件のうちの第一と抵触するからだ。さりとて、現象的側面における類似以外に、問題の類似をどう理解すればよいのか、見当がつかない、とマクダウェルは言う。

このようにマクダウェルの視点から見るとき、マッキーの思考はぼろぼろであるという印象を受ける。いずれにせよ、マクダウェルの議論をさらに辿っていこう。

「主観的・客観的」という語をめぐるマッキーの混乱

次にマクダウェルは、マッキーが陥った一つの混乱を指摘する。

マッキーは、第一性質は「客観的」、第二性質は「主観的」だと言う。

さてマクダウェルによれば、「主観的」・「客観的」という語は二つの違った意味で用いられうる。一つの意味では、主観的性質とは、主観に及ぼす影響を通じてしか理解できない性質のことである。この意味で、第二性質が主観的であるということに、マクダウェルも同意する。

だが、もう一つの意味では、人が勝手に思い込んでいるだけで、実は正しくない判断が主観的判断と呼ばれる。この場合の「主観的性質」は、人が実在すると思い込んでいるだけで、実は実在しない性質を意味しよう。第二性質をこの意味で主観的だときめつけることに、マクダウェルは反対する。

マクダウェルの診断によれば、マッキーは「主観的」のこれらの二義を混同したのだ。これらを混同するのはわからなくもない。だが、前者の意味で主観的である第二性質が、後者の意味で客観的であっても構わないではないか、とマクダウェルは論じるのである。

知覚経験の内在的特徴を表象内容の「乗り物」として確保するマッキーの試みの無理

ロックは知覚を説明するさい（他の事象を説明する場合と同様）、「観念」という概念を用いた。近世哲学における、「観念」による知覚の説明はたいそう評判が悪い。この説明を戯画的に言い表せば、赤いものを見ているときにも、赤いものを思いうかべているときにも、赤さについて考えているときにも、人は頭の中で赤の観念というタブレットのようなものを見やることで赤を意識の対象にしている、というわけだ。

マッキーは、知覚論における「観念」の概念のロック的使用を救うために、これを「志向対象」と読み替えることを提唱する。ある知覚経験におけるある志向対象とは、そこでの表象内容のある側面、言い換えれば、〈知覚経験において事物が人にどう見えているか、というその見え方〉のある側面のことである。マクダウェルは、これは有望な着眼だと見る。

しかしマッキーは、せっかく得たその洞察が示す道を十分辿っていかなかった、とマクダウェルは指摘する。「事物の見え方」に着眼することの意味合いを正しく理解したならばマッキーは、「事物のあり方」と「事物の見え方（事物がそういうあり方をしているものと見えている、というそのあり方）」との関係は、事物が正しく見えている場合、類似の関係ではなくむしろ同一性の関係であることを見て取っていただろう。つまり、一般的に、BがAの表象であり、Aのあるあり方をBが正しく表象しているとき、Aのそのあり方と、Bの表象内容のそのあり方とは、類似しているのではなく、同一なのだ。そして、このことを見て取っていたなら、マッキーは、経験のうちに現われる色に類似した第一性質、という概念の不整合に気付いたはずだ、とマクダウェルは見る。

類似の関係が成り立つのはむしろ、一方の、ある事物（A）の特徴と、他方の、その事物を表象している別の事物（B）が——Aの表象であるという点を度外視して——一事物として持つ特徴（Bの「内在的」特徴）との間である。たとえば、ある光景の色の配置と、それを描いた絵である布の表面の色の配置（絵の内在的特徴）とは、類似していると言いうる。

知覚経験はたしかに、表象内容を持っている。では、知覚経験に関して、いま述べたような類似の関係を認められるか。それを認めることは、知覚経験の内在的特徴について語ることである。実際マッキーはそれについて語っている。そして、知覚経験の内在的特徴を、表象内容の「乗り物」として確保しようとするのだ。ちょうど、画布の表面が持つ色の配置が絵の表象内容の「乗り物」であるように。マッキーがこのように考えるのはつまり、前述の、われわれが日常的に行なっている錯認（経験に現われる色に類似した第一性質を、経験の表象内容として措定する）を、最終的には退けるにせよ、まさに退ける対象として、ひとまず整合的な考えとして確保するためである。

だがマクダウェルは、マッキーのこのような考えはそもそも意味をなさない、と論じる（同趣旨の議論をすでに見た。マクダウェルとしては、知覚経験の内在的特徴が表象内容の「乗り物」であるという考えを持ち出したところで、同じ議論があてはまる、と言いたいのであろう）。知覚経験の内在的特徴なるものについて語りうるとして、この内在的特徴から、表象内容であるはずの第一性質へと至るためには、前者のうちに後者を「読み取る」ことによるのでなければならない。しかしそれでは、到達される性質は、経験の内在的特徴から独立には理解できないことになる。これは、到達されるべき性質が第一性質として理解されているというマッキーの前提に矛盾する、とマクダウェルは（ここでも）指摘する。

マッキーがそのように、表象内容の「乗り物」を確保したがるのは、次のような欲求によるのかもしれない、とマクダウェルは診断する。すなわち、知覚のような主観のはたらきをさえ、徹底的に客観的な実在観――主観の視点からしか理解できないようなものは、実在の領域のうちには存在しない、とする見方――のうちに取り込んでしまいたい、という欲求によるのかもしれない、というのだ(5)。これは、主観的経験についても、それが物理的事物のようにそこにあり、われわれはこれを観察できる、というようにマッキーが考えたがっているのかもしれない、ということだろう。そのような見方を推し進めていけば、たとえば次のような描像に到りつくだろう、とマクダウェルは言う。すなわち、一方に、客観的本性しか持たないとされる実在があり、他方に、同じく客観主義的に解された、構造としての主観性があって、後者が前者を処理する（その処理にさいして、主観による客観による経験などというものは、理想的に言えば、ないに越したことはない付随現象である）、という描像に。

だが、マッキーのそのような実在観の下では、第一性質はけっして経験できないことになってしまう。というのは、事物の性質は、もし主観によって経験されうるのならば、まさにそのことによって第二性質に「格下げ」されるほかないからだ。ロックは、第一性質も経験できる、としたが、われわれはロックのこの洞察を保持すべきだ、とマクダウェルは考える。

4 価値的性質の存在を否定すれば価値経験は説明できない

第3節でも触れたように、マッキーは、経験に現われる色と類似した「完全に客観的な」性質が存在すると見なすいわれなどないことを、経験的な論拠によって示した（それによって、色が実在するというわれわれの日常的な考えが間違いであることを示そうとした）。その経験的な論拠とは次のものである。すなわち、そのような「完全に客観的な」性質を措定することは、色経験を説明するさいに何の役割も果たさず、たんに余計な代物である、という論拠である。

だが、第3節で見たように、マクダウェルは、経験に現われる色と類似した第一性質という概念がそもそも不整合であることを示している。だから、われわれの日常的な考えを擁護するために、マッキーのその論拠を検討する必要をマクダウェルは認めない。

しかしマクダウェルは、このマッキーの〝〈あるものを実在的性質と見なすことが妥当かどうか〉を、〈関連する経験を適切に説明できるかどうか〉との関連でテストする〟というアイディアを取り上げる。マクダウェル自身の目的のために、このアイディアを換骨奪胎するのである。

マッキーはそのようなテストの、次のようなヴァージョンを提示した。すなわち、関連する経験を説明するために、問題の性質を措定する必要があるかどうか、というヴァージョンを。だがマクダウェルはむしろ、次のヴァージョンを提示する。すなわち、関連する経験を説明する者は、問題の性質は存在しないと見なしても不合理に陥らないかどうか、というヴァージョンである。

これまで、色経験のような第二性質経験を主に話題にしてきたが、本題である価値経験に目を向けよう。マクダウェルの見るところ、マッキーは、価値の実在性を否定するさいにも、〝価値経験を説明するために、価値的性質の措定は必要ない〟という論拠に訴えてきた。これに対しマクダウェルは、マッキーのような反実在論に反対するために、次のように論じる。すなわち、価値経験を説明する者は、価値的性質の存在を否定すれば不合理に陥る、と。

これを示すためにマクダウェルは、価値的性質ではないが、これと類似したものを例に用いる。「危険・恐ろしさ」である。恐れの経験を説明する者が、恐ろしさや危険が世界に存在することを否定したら、不合理に陥るだろう、とマクダウェルは論じる。なぜなら、恐れの経験は、適切であるとか不適切であるという評価を受け入れるからだ。「あの人はあそこで怖がったけれども、怖がるほどのことはなかった」というように。このことは、危険や恐ろしさが世界に存在すると考えない限り、説明できない。同様に、価値経験も批判的評価の対象になる。「あの人はあの行為をよしとしているけれども、それは違う」というように。このことは、価値的性質が実在すると考えない限り、説明できない、とマクダウェルは論じる。

ちなみにマクダウェルは、これとの関連で、価値的性質（および恐ろしさ）と第二性質の違いに触れている。価値経験は批判的評価の対象になるが、第二性質経験はならないというのだ。（ただし、たとえば色をちゃんと見分けているかどうかのテストが存在するという意味では、第二性質経験も批判的評価の対象になると言えるのかもしれないが。）

マクダウェルはまた、価値と恐ろしさの違いにも触れる。恐ろしさの場合と違って、価値については、人々の間で、決着がつきそうにない見解の相違が珍しくない。だから価値など実在しないのだ、と考える人もいるが、マクダウェルはそうは考えない。むしろ、価値判断は困難だからこそ、真剣に、慎重にならなければならない、とマクダウェルは言うのである。

5　ではブラックバーンの立場は？

いま、価値や恐ろしさと第二性質との間の差異に触れたけれども、繰り返せば、価値や恐ろしさは、マクダウェルの理解する第二性質に、重要な点で似ている。すなわち、価値は価値経験によるのでなければ理解できず、恐ろしさは恐れの経験によるのでなければ理解できない。それは、第二性質経験によるのでなければ理解できないのと同様である。

以上見てきたような、価値についてのマクダウェルの実在論的説明に対して、ブラックバーンからかの反論がある。マクダウェルとブラックバーンの応酬については本書の後の第五章、第七章でも引き続き紹介するが[6]、ここでも、「価値と第二性質」第五節の要点は紹介しておこう。マッキーにとってと同様、ブラックバーンにとっても、価値が世界に存在するわけではない。われわれは、実在する事物に対してなんらかの肯定的・否定的な態度を抱き、この態度をその事物へと投射する。その結果、その事物が肯定的・否定的な価値を持っているかのように、われわれに現われる、とマッキーやブラックバーンは言うのだ（この点は次章冒頭でも繰り返す）。

だが、マッキーとは違ってブラックバーンは、さらに次のように論じる。事物に対する態度の抱き方それ自体が、批判的評価を受け入れる。人間の生活（とくに共同生活）の必要や利便という観点から、事物に対する人間の対処のメカニズムとして評価されるのである。こうして、倫理的、美的反応の適否（合理性）について語りうることになる。

このように見るなら、マクダウェルの実在論によっても、ブラックバーンの反実在論によっても、われわれの価値経験を同様にうまく説明できると思われるかもしれない。どちらも、価値経験が批判的評価を受けるという点を説明できるからだ。

では、どちらの説明を採るかは、形而上学上のたんなる好みの問題なのか。マクダウェルは、そうは考えない。というのは、両説明の間には、次のような実質的な違いがあるからだ。すなわち、ブラックバーンは、ある人の対処のメカニズムを評価するさい、評価者のまさにその対処メカニズムを用いることなしに、その意味で客観的な視点に立って評価することができると考える。すなわち、いま見た、人間の生活の必要や利便という、それ自身は道徳的でない観点から評価できると考えるのである。だがマクダウェルは、そのようなことは不可能だと考える。マクダウェルによれば、価値について（理論的にであれ何であれ）説明する能力は、実際に価値判断を行なう能力から切り離せない。マクダウェルは次のように言う。

> ある評価的なものの見方（すなわち、道徳的なものの見方や美的なものの見方）に特有の対象を、実在的なものとして保証するような説明能力——これは、そうした対象に対するこの説明能力の応答を合理的なものとして保証しもするのだが——は、それらの対象を識別する（強調引用者）能力それ自身と同様に創造的でなければならず、それと同様に各事例に応じて働くものでなければならないだろう。（両者は同じ能力であろう。「距離をとる」というイメージはここにあてはまらない。）（「価値と第二性質」最終段落後半。邦訳一二六頁）

価値への反応のある態勢を評価するさいに、価値への反応のいかなる態勢にも頼らず、何らかの「中立地点」に立ってそうすることはできない、というのである。これについては後のとくに第七章でより詳しく論じる。

第五章　「倫理学における投射と真理」

本章では、マクダウェルが一九八七年に公刊した論文「倫理学における投射と真理」（Projection and Truth in Ethics）[(1)]の内容を紹介する。

この論文は、マクダウェルとブラックバーンの応酬の一環をなすものだ。ここで、両哲学者の応酬について簡単に触れておこう。

一九七九年にオクスフォード大学で、「規則に従うこと」についてのウィトゲンシュタインの議論をめぐるコロキウムが開催された。そこでマクダウェルが「非認知主義と、規則に従うこと」（Non-Cognitivism and Rule-Following）と題する発表を行なってブラックバーンに挑戦し、これに対する応答としてブラックバーンが「規則に従うことと、道徳的実在論」（Rule-Following and Moral Realism）と題する発表を行なった。同コロキウムでの諸発表は一九八一年、論文集『ウィトゲンシュタイン――規則に従うこと』[2]として公刊され、むろんそこにはマクダウェル論文とブラックバーン論文が収められている[3]。「非認知主義と、規則に従うこと」はマクダウェルの論文集『心、価値、実在』（McDowell 1998a）に再録された[4]。この論文集の抄訳である『徳と理性』に同論文も収められたので（タイトルは「非認知主義と規則順守」）[5]、『徳と理性』に収められた全論文を解説する本書でも、紹介するはこびとなった。後の第七章においてである。

一九八四年にブラックバーンは『スプレディング・ザ・ワード』（*Spreading the Word*）[6]を上梓し、そこで自らの投射説、疑似実在論を展開し、マクダウェルらとの論争を継続している。

一九八五年に公刊されたマクダウェルの「価値と第二性質」（McDowell 1998a に再録。本書第四章参照）は、主にマッキーを論じたものだが、ブラックバーンにも――特にその「規則に従うことと、道徳的実在論」に――言及している。

本章冒頭で述べたように、一九八七年にマクダウェルは「倫理学における投射と真理」を発表した。ここでブラックバーンに応答するさいマクダウェルは、「規則に従うことと、道徳的実在論」や、特に『スプレディング・ザ・ワード』に言及している。

一九九八年にブラックバーンは『ルーリング・パッションズ』（*Ruling Passions*）[7]を刊行、その第四章「倫理的命題――それは何でないか」でマクダウェルらとの応酬をさらに続けている[8]。

本章の節分け（第1節〜第5節）は、「倫理学における投射と真理」の節分け（第一節〜第五節）に対応する。

1　倫理的言明は真でありうるとする反実在論者、ブラックバーン

ブラックバーンがマッキーらとともに採る投射説についてまず説明しよう（前章最終節でもすでに少し説明した）。

世界の中に存在するある事物について、それはある性質を持っている、と人が思っているとき、次のようなことがありうる。すなわち、実は、その事物がその性質を持っているわけではない。だがその思い違いは、四角いと思ったものが実は丸かった、という話ではない。一性質として世界のどこかには存在すると人が思っているものが、実は、そもそも世界の中にあるような類のものではなかった、という話なのだ（つまり、世界の中に何が存在し、何が存在しないか、という形而上学的問題である）。人が間違ってそう思ってしまうのは、その事物に対して人が抱く態度や感情を無自覚のうちにその事物へと「投射」した結果、事物がそうした性質をそなえているかのように見えてしまうからである。そういうことがありうる（すぐに複数の事例を見る）。

われわれは日常、倫理的性質と呼びうるもの（倫理的正しさ・不正性のような）が実在し、若干の人なり行為なりがこの性質を持っている、と思っている。だがブラックバーンは、われわれのその思いを間

違っていると見なす。そんな性質は世界の中に存在するような類のものではないと言うのだ。そして、日常われわれがどうしてそんな性質が実在すると思ってしまうのかをブラックバーンは右記のように投射によって説明する。すなわち、われわれがある種の行為に対して抱く是認の態度や、別の種類の行為に対して抱く否認の態度をわれわれは無自覚のうちにそうした行為へと投射する。その結果、ある種の行為は倫理的正しさをそなえ、別の種類の行為は不正性をそなえているかのように、われわれに見えてしまう、というのだ。

倫理的性質とわれわれが呼ぶものについての、ブラックバーンによるこの投射説的説明をマクダウェルは退ける。むしろ、倫理的性質が実在するように日常的にわれわれには思われる、というこの思われを額面通り受け取って構わない、と主張する。

ただしマクダウェルは、投射説的説明が適切にあてはまる場合があることを認める。ディスガスト（「嫌悪」と訳される）のことを考えよ。ディスガストというのは、何かにむかつきをおぼえ、嫌がることだが、そのさい人は典型的には、鼻のあたりに皺を寄せて、「ウウ」と言ったり、声には出さないまでもそう言おうとする風をしたりする。あるいは、吐き捨てるように「ディスガスティング！」と言ったりする。このディスガストについて、ある変わった人が、次のように考えているとしよう。すなわち、〈ディスガスト誘発性〉なる性質が世界の中に存在し、若干の事物はこの性質を、われわれのものの感じ方から独立にそなえている。われわれの抱くディスガストは、この性質の一種の知覚をなす、と。マクダウェルによれば、この考えは「混乱している」（間違っている）。そして、この人がどうしてこういう考えを抱いてしまったのかは、投射説によって説明できる。すなわち、この人は、自分（たち）が抱くディスガストの感情を、ディスガストの対象である事物へと投射したのだ、と言って説明できる。そうマクダウェルは考える。（ブラックバーンも同感だろう。）

倫理的性質とわれわれが呼ぶものの話に戻ろう。「この行為は（倫理的に）正しい」、「この行為は不正だ」といった文を取り上げよう。こうした文は真でありうる、と、マクダウェルのみならずブラックバーンも考える。（ついでに言えば、「これはディスガスティングだ（むかつく、ディスガストを催させる）」という文についても、両哲学者とも、それが真でありうると考える。）これは意外に思われるかもしれない。倫理的正しさや不正性という性質が世界の中に存在するわけではない、と考えるブラックバーンは当然、〈この行為は正しい〉とか〈この行為は不正だ〉という事態が世界の中で成立しているわけではない、と考える。ならばブラックバーンはどうして「この行為は正しい」といった文が真でありうると考えられるのか。

ブラックバーンもマクダウェル同様、次のように考える。すなわち、たとえば物体の物理的状態についての文は真でありうる。真である場合、真であるのは、その文が表す事態が世界の中で成立していることによる、と。だが、一方のマクダウェルは、道徳的言明についてもその点で事情は同じだと考えるが、他方のブラックバーンは、物理的言明と道徳的言明ではその点で事情が異なると考えるわけだ。そこでブラックバーンとしては次の消息を説明しなければならなくなる。すなわち、〈この行為は正しい〉という事態など成立していないにもかかわらず、「この行為は正しい」という文が真でありうるのはどうしてか、という消息である。つまりブラックバーンは、道徳的言明について真理概念が成立する事情を、反実在論の枠内で説明しなければならない。実際ブラックバーンはその説明を与えている。そしてその自分の説明を「疑似実在論」（準実在論、quasi-realism）と呼んでいる。

疑似実在論が説くのは、一言で言えば次のことだ。すなわち、問題の投射の結果生じる（われわれに現われてくる）ものはきわめて「頑強」である。この頑強さのおかげでわれわれは、道徳的価値と呼ばれるものの非実在性を自覚しながらも、あたかも実在論にくみするような道徳的言明（むろんそこでは真偽が問題になる）を、混乱なく行なうことができる、そうブラックバーンは主張する。その詳細がマクダウェル「倫理学における投射と真理」第二節で考察される。その考察を第2節で紹介しよう。

2　道徳的言明の真理概念を獲得するにはそれなりの作業が必要である

ブラックバーンの疑似実在論を説明するにあたり、ブラックバーンとマッキーの対比から始めよう。マッキーもブラックバーンと同様、道徳的価値とわれわれが呼ぶものは実在しないが、われわれは日常的に、投射の結果に惑わされて、それが実在するものと思っている、と考える。さて、人が「この行為は正しい」と言うとき、その人はどんなことをしているのか。マッキーとブラックバーンはこの問いに違った答えを与える。マッキーによれば、その人はその行為のあり方を述べて（述べようとして）いる。すなわち、その行為が正しさという価値を持っている、とその人は主張している。しかし実際にはその行為は正しさという価値など持っていないのだから、その言明は偽である。これがマッキーの誤謬説である。

　これに対してブラックバーンは、「この行為は正しい」とか「この行為は間違っている」と言う人は、その行為に対する自分の、肯定的・否定的な態度や感情を表していると考える（表出説）。だからブラックバーンは、道徳的言明が真や偽でありうると言うことによって、（事態の記述ではなく）態度や感情の表現が真や偽でありうると言っていることになる。

　では、ブラックバーンによれば、態度や感情の表明に他ならない道徳的言明の真偽は何に存するのか。疑似実在論の説明をマクダウェルは次のように辿っていく。

　まずマクダウェルが指摘するのは次のことだ。すなわち、事実の叙述と、態度や感情の表出とで、真理の概念が異なる、とブラックバーンが論じているわけではない、ということだ。

　ブラックバーンはむしろ、道徳的言明について真偽が成り立つとする、次の[9]二つのアプローチを対比しており、マクダウェルはそこに注目する。第一に、そのために作業の労をとることなしに、ただ真理の概念を持ち出してしまうだけのアプローチ。第二に、真理概念を用いる権利を、作業の労をとることを通じて獲得するアプローチ。それらが具体的にどのようなものかは、すぐ後に説明する。いまあらかじめブラックバーンとマクダウェルの立場を素描しておけば、ブラックバーンは、第二のアプローチを取るべきだとし、実際、取る。マクダウェルも、第二のアプローチを取るべきであるという点には同意する。しかし、真理概念を用いる権利を獲得するために、具体的にどのような作業の労をとるべきかについて、ブラックバーンとマクダウェルは見解を異にするのである。

第一のアプローチ——作業の労をとることなしに、ただ真理の概念を持ち出してしまうだけのアプローチ——とは、次のようなものである。すなわち、価値的性質も、物理的性質と同様、世界の中に存在するのだ、と、たんに言い放つ。そして、ちょうど物理的事実を認識するためにわれわれが知覚の能力を持っているのと同じように、価値的事実を認識するためには一種の直観の能力を持っている、と、たんに言い放つ。このような立場をマクダウェルは「だめな直観的実在論」と呼ぶ。

この立場がだめなものであることは、次のことからわかる。すなわち、たしかに、物理的事実を認識するためにわれわれの知覚能力はどう働くかについてなら、解剖学、光学、音響学、脳神経科学などによって立ち入った説明を与えることができる。だが、価値的事実を認識するためにその「直観」がどう働くかについては、立ち入った説明を与えることがまったくできない、ということである。

ブラックバーンは、だめな直観的実在論のようなズルをせず、第二のアプローチを取るわけだが、道徳的言明の真理について語る権利を獲得するために、具体的に、どのような作業を行なうのか。

ブラックバーンによれば、ある状況で人が行なう倫理的言明は、その人のある態度を表現するものだが、そこで表現される態度は、その人が持つ、物事のある受けとめ方（sensibility）——すなわち、状況のある種の特徴に対してある種の態度を抱く傾向性——の産物である。その人のこの受けとめ方（傾向性）に対して、別の人（あるいはその人自身）は、それを是認する態度や、否定する態度を抱きうる（そんなに怒りっぽいのはいけない、など）。さらに、人の受けとめ方を是認したり否定したりする態度自身が、論議や批判の対象になりうる（そんな風に、怒りの感情をことごとく否定するのはいかがなものか、など）。人は、自分がそなえている、物事の受けとめ方がどれだけ批判的吟味に耐えるのかを気にかける（自分の受けとめ方がちゃんと他人様に受け入れられるものでないとしたら、情けない、など）。また、さまざまの受けとめ方をよしあしに関してランク付けするさいにも、でたらめではなく、まともにやりたいと思う。

ブラックバーンは、ある倫理的言明が真であるということを、その言明で表現されている態度を生みだすような、物事の受けとめ方が、適切な種類の批判（よいかどうかのテスト）に耐えうること、として説明する。

このような説明を完成させるために、ブラックバーンは、その「適切な種類の批判」がどのようなものかを説明しなければならない。

ある人が持つ、物事の受けとめ方の批判には、形式的なものも、実質的なものもある、とブラックバーンは言う。形式的な批判とは、あの人は、あの場合はこういう態度を取ったのに、いまこういう態度を取るのは一貫していない、といった批判である。他方、実質的な批判については、ブラックバーンは次のように言う。物事のある受けとめ方がよしと認められるために満たされなければならない実質的条件がある。それはおおざっぱに言えば、社会の秩序が保たれるように、とか、人々が仲良く協力して暮らしていけるように、といった社会的善の実現の観点から、倫理的な思考や態度はどのようなものであることが望ましいか、に関わる、と言うのだ。

これに対してマクダウェルは言う。おおざっぱな話としてはそれでよいかもしれないが、具体的に詰めていくならば、ブラックバーンの立場は決定的な問題を露呈する、と。

3　道徳的理由を与えうることを示すという作業

前述の直観的実在論はたしかにだめだが、だからといって実在論がことごとくだめだということにはならない、とマクダウェルは言う。

つまりマクダウェルは、ブラックバーンが次のような論じ方をしていると指摘し、これに異を唱える。すなわち、だめな直観的実在論のようなズルをせず、倫理的言明について真理概念を用いる権利を獲得するためにちゃんと作業をしようとするのなら、反実在論を取らなければならない、と。これに対してマクダウェルは、真理概念の獲得に向けての作業は、実在論を取るか、反実在論かという形而上学的問題とは独立に理解できる、と指摘し、ブラックバーンによる実在論批判はすべての実在論にあてはまるわけではないと論じるのだ。

その指摘を具体化するためにマクダウェルは、真理概念の獲得に向けての作業がいかなるものかについての一つの理解を提示する（実際マクダウェルは、そう理解する）。

次のような問題を考えよう。Aさんはある倫理的言明をなしている。Bさんはいまのところこの言明を受け入れない。AさんはBさんにこの言明を受け入れてもらおうとする、としよう。このときAさんはBさんに、この言明を受け入れるべき理由を示すことができるのか。それとも、言明を受け入れさせるためのそのような合理的な方法など存在せず、Aさんにできることはと言えば、「受け入れなければ痛い目にあわせるぞ」と脅すとか、「受け入れてくれたらいいものをあげよう」と丸めこむとか、言明の通りであると巧みな話術で信じこませる、といったことしかないのか。[10]

この問題——倫理的言明について、これを受け入れるべき理由を相手に示すことが可能かどうか、という問題——はまた、次の問題として言い換えることができる。すなわち、理由を示すことを可能にするだけの、その種の理由についての豊かで実質的な把握をわれわれが持っているかどうか、という問題として。右記の例は、特定の倫理的言明についてのものだが、およそ倫理的言明一般について、これを受け入れるべき理由を示すことが可能か、という問題のことを考えよう。

倫理的言明について真理概念を用いる権利がわれわれにあるかどうかは、この点、すなわち、倫理的言明の理由についてそのように実質的な把握をわれわれが持っているかどうかという点にかかっている、と考えることができる。実際、マクダウェルはそう考える。そう考えるならば、道徳的言明について真理概念を用いる権利の獲得に向けての作業は、われわれが道徳的言明の理由について実質的な把握を持っていることを示す作業として理解できる。

実在論を取るとしても、この作業を引き受けるならば、だめな実在論が受けた非難（作業の労をとっていないという非難）をかわす道が開ける。実際マクダウェルはこの道を行くのである。

4　マクダウェルによる投射説批判

マクダウェルは、道徳的価値についての投射説を次のように批判する。

投射説の説明は複数の段階を踏む。その説明によれば、人は、世界の内に存在するある特徴を認め、これに対して、肯定的・否定的の態度を取る（「特徴」という語は、事物をも、事物の性質をも、そうしたものどもの間の関係をも——要するに、いろいろな類の存在者をすべて——指しうる語として用いられている。〝目立つところ〟というニュアンスは特にない）。そして、この態度を、その特徴の認められるところに投射する。その結果として、そこに道徳的価値があるように、人に思われる、というのだ。

このように、ある道徳的でない実在的特徴を人が認めるということがまず起こって、それから、投射の結果、道徳的価値が人に現われるということが起こるとされる。

だから、投射説によれば、もしわれわれがある道徳的価値の概念を持っており、その概念が何に適用され、何には適用されないかわかっているのなら、それはわれわれが、この道徳的価値に対応するある道徳的でない実在的特徴（これに対する態度がここに投射される）の概念を持っており、その概念が何に適用され、何には適用されないかわかっていることによるのでなければならない。なぜなら、ある道徳的価値の外延（適用範囲）を見定めるためにわれわれに与えられた唯一の手がかりは、投射説によれば、かの道徳的でない実在的特徴だからである。

しかし実際には、ある道徳的価値概念の外延は、当の価値概念を用いることなしにはそもそも特定できない。ゆえに道徳的価値の投射説は受け入れられないのだ、とマクダウェルは論じる。[11]

この点で倫理的価値と似ている例としてマクダウェルは、おかしさ（変だという意味ではなく、笑いを誘うという意味でのおかしさ）を取り上げる。マクダウェル自身は、おかしさという性質が世界の中に存在すると考えてもさしつかえなかろう、と見る。だが、おかしさについての投射説的反実在論を取る人がいるかもしれない。すなわち、人は事物のうちに、おかしさとは異なるある種の実在的特徴を認め、これに対してある感情（おかしがるというそれであろう）を抱き、この感情をその特徴の認められるところに投射する。その結果、その事物がおかしさという実在する性質を持っているかのように、人に思われる、というわけだ。しかし、では事物のうちに、おかしさとは異なるどのような実在的特徴を認めて、投射がなされるというのか。

人を笑わせるような特徴、と答えるだろうか。しかしそう言ったのでは、いま問題の特徴を特定しきったことにはならない。なぜなら、人はおかしくても笑うけれども、また、バツが悪くても笑うからだ。だが、バツが悪いと思わせるようなものは、おかしいものではない。

結局、おかしいものの外延を特定するには、まさにおかしさの概念に頼らざるをえないのだ、とマクダウェルは論じる。倫理的価値についても同様である。

この点についてブラックバーンは「驚くほど気楽に済ませている」とマクダウェルは言う。道徳的概念の外延を特定するために、当の道徳的概念に頼らざるをえないとしても、別に問題はないという風情だ、と言うのだ。

そのように気楽でいられるのはやはり、ブラックバーンが、選択肢として、だめな直観主義と、（自らの取る）反実在論の二つしかないと想定しているからだろう、とマクダウェルは見る。ブラックバーンは言う。だめな実在論によれば、われわれの感情から独立に存在している倫理的実在が親として、倫理的感情という子を生み出す。投射説によれば逆に、倫理的感情が倫理的特徴の現われを生み出す、と。

これに対してマクダウェルは、事物の特徴と倫理的感情との関係についてのもう一つの捉え方がある、と言い、これにくみする。すなわち、一方が他方を生み出すというのではない、という立場である。たしかに、倫理的特徴は、われわれのものの感じ方、受けとめ方と独立には存在しない。だが同時に、まさにそのようなものとして、世界の中に存在している、と言うのである。だから、事物の特徴と倫理的感情との間の関係を家族関係の比喩で言い表すなら、両者は親子ではなくきょうだいだということになろう、とマクダウェルは言う。[12]（マクダウェルもウィギンズも、この意味での「先行項不在説」を取るが、マクダウェルはその立場を「実在論」――もちろん、だめではないそれ――と言い表すのに対して、ウィギンズはそれを「賢明な主観主義？」と――疑問符付きで――呼ぶ。[13]）

次に、道徳的言明の真理の概念を得るための作業――それをマクダウェルは、道徳的言明の理由を与えうることを示す作業としてひとまず押さえていた――をマクダウェルがどう具体化するかを見よう。

マクダウェルによればその作業は、われわれが実際に道徳判断を行なうさいに用いているまさにその概念や、物事の捉え方を用いながら、次のことどもをわれわれ自身に対して明確にしていく、という作業である。すなわち、道徳的言明のうちどれが正しいのか、また、どうして正しいのかを。また、当該の諸概念がどう関連しあっているのかを明確にしていくのである。

もちろん、このような明瞭化の作業を行なおうとする者が、たんに、自分の道徳的な見方を自己満足的に再確認するだけで終わってしまう危険はある。しかし、つねにそうなってしまうとは限らない。あるとき下された道徳的判断の批判は可能である。道徳的判断が下されたときと、基本的には同種の概念的資源を用いながら、より慎重に判断を働かせようとするのである。道徳的言明について真理概念を用いる権利を獲得するためにわれわれにできるのは、実はそれだけだが、その作業の意義はそう捨てたものではあるまい、とマクダウェルは考える。

この点で、倫理的価値をおかしさと較べてみよう。倫理的言明の真理の概念が入手できないと、どう困るのかといえば、ある倫理的言明を人に受け入れてもらおうとするさい、理由を与えることによる説得ができなくなる、ということだった。たしかにこれは困る。これに対して、おかしさについての真理の概念が入手できなくても、その点で別に困りはしないだろう。あるギャグがおかしいということを他人に理由によって説得できないとしても、別に困りはすまい。(どうしておかしいのかを説明されるとおかしくなくなってしまう、というマクダウェルのコメントはちょっとおかしいかもしれない。ちょっとでもおかしいかもしれないことを言うのはこの哲学者には珍しい。[14])

だが、倫理的価値とおかしさは次の点で共通する、とマクダウェルは述べる。すなわち、ある行為が倫理的に正しいかどうかについて、人々がそれなりに意見を一致させているとき、その一致をわれわれはたんなる偶然ではなく、それなりにいわれのあることと見なす。同様に、あるジョークがおかしいかどうかについて人々がそれなりに意見を一致させている場合にも、われわれはその一致をそれなりにいわれのあることと見なす。

こうした見地からマクダウェルは、ブラックバーンは次のことを前提していると指摘し、かつその前提を批判する。すなわち、道徳判断のよしあしは何に存するのかについて理論的に説明するためには、道徳判断を行なっているときとは別の、メタの視点に立たなければならない、という前提である。そんな視点に立つことはそもそもできないというのがマクダウェルの立場である（本書第四章第5節最終段落、第七章の特に第3節を参照）。

5　科学的知見と倫理学

「投射と真理」第五節でマクダウェルはいくつかの論点を述べるが、これまで本書で筆者が述べてきたこととの重複を避けて、一点だけ紹介することにしよう。

マクダウェルは、ブラックバーンが重視するある哲学的作業の意義を認める。それは次のような作業である。すなわち、おかしさについてであれ、倫理的価値についてであれ、われわれがそれをどのようなもののうちに認めるかを、科学の知見を用いて、可能な限り解明するという作業である。おかしさや倫理的価値は、科学的世界観から見て、神秘的に見えてしまうかもしれないが、その印象をこの作業によって弱めていくことができる。そのことの意義をマクダウェルも認める。また、おかしさや倫理的価値をめぐる実践が、人間の協働や社会秩序の維持のために果たす役割を考察することは、その作業にとって有用だとブラックバーンは考えるが、これにもマクダウェルは賛成する。

だがマクダウェルは、それらの点でブラックバーンに賛成するからといって、自分流の実在論の立場を取れなくなるわけではない、と主張するのである。

本章の結びに、「投射と真理」の最終段落を引用しよう。

「新たなる被造物」というヒューム的な考え――すなわち、〈成立している〉事態であると思われるある範囲のものは、われわれの主観性が独特な情感的色付けを行なっていなかったとしたら、現にあるような具合ではなかっただろう、という考え――には確かに正しいところがある。だからといってそれら、事態だと思われるものを、われわれの情感的本性の、〈事態だと思われるものから〉独立に了解可能な働きが産んだものとして理解できるということにはならない。それら、客観的事態だと思われるものは、自足した主観性の影や反映である必要はない。その「新たなる被造物」の生成を理解することは、主観的契機と客観的契機との、反応と反応の対象たる特徴との、連動する複合体を理解することなのかもしれない。そしてもしそうなら、投射のイメージに訴えることによっ

て、これらの主題についての形而上学に光を投げかけ得ると思うのは間違いなのである。（一六一頁）

第六章　「二種類の自然主義[1]」

本章では、マクダウェルがフィリッパ・フットへの献呈論文集（一九九六年刊[2]）に寄稿した論文「二種類の本性主義（ナチュラリズム）」（Two Sorts of Naturalism[3]）の内容を紹介する。

この論文のタイトルは『徳と理性』所収の邦訳では「二種類の自然主義」と訳されている。本書は『徳と理性』読解の手引きであることをも意図されているので、読者が混乱されないよう、本書の章題に掲げるマクダウェル論文のタイトルは、『徳と理性』でのそれに合わせた。だが筆者は、このマクダウェル論文のタイトルや本文に登場する「ナチュラリズム」の語を、本章など、本書の本文では「本性主義」と訳したい。

「ナチュラリズム」という語はたしかに通常、倫理学で話題になる立場を指す場合も含め、「自然主義」と訳される。今日話題になる倫理学上のナチュラリズムは多くの場合、自然科学の知見や方法を倫理学に積極的に導入する立場を指す。そしてマクダウェルの「二種類のナチュラリズム」においても、その意味での自然主義がたしかに話題になっている。

だが、タイトルが示しているように、マクダウェルは倫理学上のナチュラリズムの二種類を区別しており、いま述べた意味でのナチュラリズム（すなわち「自然主義」と訳すのが適切であるようなそれ）は、その二種類のうちの一方だけなのだ。他方、「本性主義（または自然本性主義）」という訳は、マクダウェルの区別する両種類のナチュラリズムに等しくふさわしい。

一般にナチュラリズムとはネイチャの重要性を打ち出す立場である。このマクダウェル論文で話題になる倫理学上のナチュラリズムは、両種類とも、人間のネイチャ（本性または自然本性）の重要性を打ち出す立場である（後に説明する）。

ただし、面倒なことに、「二種類の本性主義」では、人間の本性という意味でのネイチャだけでなく、自然（界）という意味でのネイチャもたしかに話題にのぼっている。倫理学上の二種類のナチュラリズムのうち、「自然主義」とも訳しうるほうが奉じられるようになる背景に、近代科学の興隆に伴う自然観の変遷があった、と論じられるのだ。(4)

関連する点をもう一つ。マクダウェルは「第一のネイチャ」、「第二のネイチャ」について語る。これらは倫理学の文脈では、人間のネイチャの二形態ないし二側面なので、（「第一の自然」、「第二の自然」ではなく）「第一の本性（または自然本性）」、「第二の本性（または自然本性）」と訳すのがよいと思う。だが、話がなお込み入るが、人間の第一の本性は、自然科学によって捉えられるような自然（第一の自然）に属する。そして、人間の第二の本性は認識能力として、自然科学では捉えられないような自然（実在的諸価値、つまり第二の自然）を顕わにする。その限りで、人間の二つの本性は、自然の二つの捉え方に対応する。

本章の節分けは「二種類の本性主義」の節分けと対応していない。以下で適宜、マクダウェル論文の対応箇所を記すことにする。

1　「問題含みの本性主義」と「有望な本性主義」

マクダウェルが区別する二種類の本性主義のうち、一つはマクダウェルが退けるもの、もう一つは採るものである。前者を「問題含みの本性主義」、後者を「有望な本性主義」と呼ぶことにしよう。いずれの本性主義も、次のように主張する。すなわち、人間は有徳に生きなければならない。有徳に生きる人がよく生きる。そうであるということは、人間の本性によって決まっている。そしてそのことは、理性によって捉えうる、と。

しかし二種類の本性主義は次の二点で相互に異なる、とマクダウェルは言う。

第一に、右の定式で「人間の本性」と呼ばれるものは、異なるしかたで捉えられている。「問題含みの本性主義」が、〝よく生きるとはどういうことかは、人間の本性によって決まっている〟と言うときの「人間の本性」は、人間がヒトという動物種に属することによって持つあり方（自然的本性）を指す。

他方、同じ文言を「有望な本性主義」が口にするとき、「人間の本性」とは、人間がよい（＝有徳な）人間に成長しえたことによって実現するあり方（つまり徳）を指す。一方の、人間がヒトという動物種に属することによって持つあり方と、他方の徳とは、人間の「第一の本性（つまり、自然的な、生まれつきの本性）」と、「第二の本性（つまり習慣として獲得されることによって実現された本性）」として押さえられる。人間の第一の本性は、人間が、どんなたぐいの養育・教育を受けるかにかかわらず、少なくとも潜在的にはすべて、生まれながらにして持ち、これを生物としての成長の過程で実現していく。人間の第二の本性は、特定の人間個体が（運よく）適切なたぐいの養育・教育（習慣付け）を受けることを通じて獲得ないし接近するもので（ただし個体本人の能動的参与も、とくに先に進むにつれて重要になる）、ひとたびこれを獲得した、あるいは、これにある程度以上接近した個体にとって、自分本来のあり方としての規範性を有する。第二の本性は、第一の本性を土台ないし素材として形成されたものと言える。

二種類の本性主義のいずれにとっても、人間がよく生きるとは、（それぞれが言う意味での）「人間の本性」の十全な実現にほかならない。だが、「問題含みの本性主義」にとって、「人間の本性」――つまり「第一の本性」、ヒトの本性――がいかなるものであるのか、そして、その本性の十全な実現としての「よく生きること」がいかなることであるのかは、少なくとも差し当たり、生物学の問題である。他方、「有望な本性主義」にとって、「人間の本性」――つまり「第二の本性」、徳――がいかなるものであり、したがって、「よく生きること」がいかなることであるのかは、少なくとも差し当たり、倫理学の問題である。

二種類の本性主義の、第二の相違点に移ろう。マクダウェルによれば、両種類とも、次のように主張する。すなわち、人間にとって、よく生きるとは有徳に生きることだ。そしてこのことは理性によって捉えられる、と。しかし、「理性によって捉えられる」の内実が両本性主義で異なる。「問題含みの本性主義」にとって、ある生がよい生かどうかという問題と、ある生が有徳な生かどうかという問題は、思考の上では区別できる（前者は生物学の問題、後者は倫理学の問題だというしかたで）。そこで、よく生きるとは有徳に生きることだと理性によって捉えるとは、次のことを捉えることを意味しよう。すなわち、人間をめぐる条件がかくかくのものなのだから、よき生を実現するには、有徳に生きるのが一番の得策だ、ということを捉えることを意味しよう。つまり徳は、よき生を実現するための手段という位置づけになる。よく生きることは有徳に生きることだ、ということの理解の構成要素は二つあり、一つは、ヒトがよく生きるとはいかなることかについての生物学的理解であり、もう一つは、ヒトのそのようない生は、有徳に生きることによって最もうまく実現される、という因果関係の理解である。

これに対して「有望な本性主義」にとっては、ある生がよい生かどうかという問題と、ある生が有徳な生かどうかという問題は、思考の上でさえ区別できない。よき生とはまさに有徳な生にほかならない、と押さえられているからだ。そして、よく生きるとは有徳に生きることだと、理性によって捉えるとは、有徳に生きることとそれ自体の意義（有徳に生きることとは別の何らかの目的を実現するための手段としての価値ではない、価値・素晴らしさ）を正しく見てとる、ということである。

さて、徳の自体的・本質的価値を見てとるにいたった人は、どうして見てとるにいたったのか。適切な倫理的養育・教育を受けることによって、に他ならない。逆に言えば、適切なしつけを受けてこなかったために、徳の自体的・本質的価値がわからない、という事態がありうる。(5)

他方、「問題含みの本性主義」によれば、徳の価値がわからない人がいたとき、その人が道徳的にどう養育・教育されてきたのであれ、生物学の理解力や因果関係の理解力さえあれば、われわれはその人に徳の価値をわかるように説明できる。つまり、倫理的価値は自然科学によって説明できる、とされる。

以上が、二種類の本性主義についてのマクダウェルの説明である(以上の記述は「二種類の本性主義」の随所、特に第二節、第三節、第一一節、第一二節に基づく)。

本章の最初でも述べたことだが、「問題含みの自然主義」のほうは、倫理学に自然科学の知見や方法を積極的に導入する立場の一種なので、その呼び名として「ナチュラリズム」の語が用いられるとき、これを「自然主義」と訳すことができる。だが、「有望な本性主義」を「自然主義」と呼ぶとわかりにくくなるように思われる。そこに含まれる「自然」の語が何を指すのかがわかりにくいのだ。

二種類の本性主義のそれぞれを固有名と結び付けておこう。マクダウェルにとって、「有望な本性主義」の主唱者はアリストテレスである。(ただし、アリストテレスの立場はしばしば、むしろ「問題含みの本性主義」であるかのように解釈されている。(6))

マクダウェルはフィリッパ・フットについて次のように言う。たしかに、フットが、指令主義(「(道徳的に言って)〜すべきだ」といった道徳的言明をなす人が行なっているのは、当該の行為をなすよう聞き手に指令することである、とする立場)などの主観主義(どう生きなければならないかについて正誤などない、とする立場）を退けているのは正しい。また、カントの主張のうち、有徳に生きるべきであることは理性によって捉えられるとする点を受け入れ、かつ、超自然的合理主義（道徳性は自然界と無縁の領域――その意味での、理性の領域――に成立している、とする主張）を退けている点でもフットは正しい。つまり、第三の途である本性主義を取っている点で正しいのだ。だがそのさい、「本性」の内実をきちんと考えないと、「問題含みの自然主義」のほうに陥ってしまいかねない。そうマクダウェルは言う[7]。

2 「問題含みの本性主義」批判

マクダウェルは「問題含みの本性主義」を次のように批判する（本節は「二種類の本性主義」第三節の内容を紹介するものだ）。

「有望な本性主義」と同様、「問題含みの本性主義」は、人は有徳に生きなければならない、と主張するが、その主張は、あなたならあなたが、私なら私が有徳に生きなければならない、ということだ。〝あなたや私のことは措くとしても、一般に人は……〟という主張ではない。さて、「問題含みの本性主義」は、「有望な本性主義」とは違って、あなたが有徳に生きなければならないということを、動物種ヒトについて成り立つことに基づいて証明しようとする。しかし、そんな証明は原理的に不可能だ（いくら生物学が発達して、ヒトについての生物学的知識が増大しようと、どだい無理だ）とマクダウェルは言う。なぜなら、たとえあなたが「私が属する種のメンバーは（たとえば種の保存のために）全体としてかくかくのしかたで振舞わなければならない」ということに同意したとしても、「だからこの私もそう振舞わなければならない」という結論を下すとは限らないからだ。たとえば、あなただけは他のメンバーとは違った風に立ち回り、種の、振舞いの特性をあなた個人のよき生の実現のために利用する、という可能性もある（そうすることが正しいかどうかは措く）。

マクダウェルは、われわれ人間についてのこの論点を、狼の類例によって説明する。群れをなす狼のうちごく少数が理性を与えられたものと想定しよう。これら、理性を持つ狼も、他の普通の狼と同様、群れ総出で狩りをするとき、狩りに加わろうという衝動を本能的におぼえる。（この種の狩りは、群れの皆が力を出し合わなければうまくいかないとわかっている、と想定してもよい。）しかし、それら少数の理性的狼は「だから俺らも狩りに積極的に参加しよう」と思うとは限らない。むしろ、「獲物狩りの最中は手を抜き、他の連中に働かせよう。そしていざ獲物の肉を食う段になったら、それまで蓄えておいた力を存分に発揮しよう」と思い、狩りに加わろうとする本能的衝動を抑えようとするかもしれない。「そのように賢明に立ち回って、多くを食らうことこそ、真の狼なのだぜ」と、狼の高次の本性ないし（超人ならぬ）「超狼」の理想にめざめるかもしれない。

同じことは人間についても言える、とマクダウェルは言う。人間の道徳を、弱い大衆の自衛のためのつまらない制度と見なす、カッリクレス（プラトン『ゴルギアス』）やニーチェのような反道徳主義のことを考えればよい。これは可能な立場である。つまり人は、道徳が人間の本性（低次のそれ）に基づくものであることは認めたうえで、「でもあたしは低俗な大衆なんかとは違うの。道徳なんてくそくらえよ」と言うことができる、というわけだ。

要するに、確信を抱く反道徳主義者が存在しうることが示すように、人間本性の考察に訴えることで、有徳に生きるべきことを説得できる保証はない。人間の「第一の本性」に訴えてうまくいく保証がないことは、いま見たとおりだが、「第二の本性」（徳）に訴えても、説得できるとは限らない。というのは、反道徳主義者とはまさに、人間の「第二の本性」を実現しそこねている者にほかならない。したがって当然、反道徳主義者が相手なら、「第二の本性」に訴える見込みなどないからである。

「問題含みの本性主義」に戻ろう。この立場は、人間の「第一の本性」に訴えて、有徳な生を、生物学や因果関係を理解できるすべての人を相手に推奨するわけだが、そんなできる保証のない説得をできるはずだと称する点ではじめから破綻している。これがマクダウェルによる「問題含みの本性主義」の批判である。

3　科学主義的自然観の批判

本書ですでに何度か述べたように、マクダウェルは次のように主張する。すなわち、倫理学的思考を営むさいわれわれは、有徳に生きよという要求は合理的に正当化されうるはずだ、とつい期待してしまう。ここで合理的正当化とは要するに証明である。証明とは、そこで用いられている言語を理解でき、論理的思考を営むことさえできれば、その人の倫理的性格にかかわらず、受け入れうるはずのものだ

（証明の前提を受け入れうるかどうかの問題は措く）。しかし、有徳な生の価値をそのような意味で証明することなどできない。近現代を生きるわれわれは、にもかかわらず、徳の価値を証明したい、あるいは、証明できるはずだと考えたい、という誘惑にかられてしまう。そうマクダウェルは主張する（「二種類の本性主義」第四節最終段落など）。

「二種類の本性主義」でマクダウェルは、「問題含みの本性主義」はこの誘惑に屈するところから生じる立場の一つであると論じる。

その消息を説明するためにマクダウェルは西洋史を概観する（「二種類の本性主義」第五、七節）。古代ギリシャのアリストテレスらは、そのように徳の価値を証明したいというような誘惑がそもそも存在しない世界に住んでいた。だがわれわれはその誘惑にさらされている。古代と近現代の間で何が起こったのか。近代自然科学の興隆によって自然観が変わったのだ、とマクダウェルは指摘する。（こうして主な話題は、人間の「本性」の捉え方から、「自然」界の捉え方へと移る。）マクダウェルの考察で興味深いのは、問題は近代科学そのものにあるのではなく、近代科学の興隆に遭遇した哲学者の対応がだめだった、と見ていることだ。

よく言われることだが、中世では自然界は、人間に向けたメッセージや教えを盛り込んだ一冊の書物のように見なされていた（書き込んだのはむろん創造主である）。しかし、近代科学の興隆により、そのような自然観はもはや維持できなくなった。科学的なものの見方は自然界からその魔力を奪い、「意味」を取り去っていった。

その流れのなかで、哲学はどうなったか。

まずは英国経験論のヒュームを取り上げよう。ヒュームは哲学の領域で自然の脱魔術化を大いに推し進めた。ヒュームによれば、理性は世界のうちに「意味」を見出さず、われわれが知りうるような秩序を見出さない。われわれが知りうるような秩序は、われわれの精神の特殊な作用の産物にすぎない。そして精神の作用はすべて、自然界に生じる出来事の一種であり、それが生じること自体に「意味」はない、とされる。

それからカントが現われた。カントは、われわれが知りうるような秩序はあくまで世界のうちに見出されるのだ、と頑張って言い張ろうとする。この点、カントは近代の脱魔術化の流れに逆らっているように見える。そして、われわれが知りうるような秩序が世界のなかにある、と主張するために、世界は精神によって構成される、などと、奇妙なことを言ってしまう。またカントによれば、精神によるその構成の働きが、自然界の出来事でなくなってしまう、というのもやはり頂けない、とマクダウェルは見る。

こんな観念論では仕方がない、というので、もう一度ヒューム的な、世界の脱魔術化のほうへと揺り戻しが起こった。それは無理もない、とマクダウェルは言う。ただしわれわれはもはや、自然界についてわれわれは何一つ確実には知りえないというヒューム式の懐疑論をとるわけにはいかない。そこで、いわば常識的に、科学的実在論でいくことになる。新ヒューム主義である。いまや自然界は、自然科学がわれわれに開示しうる世界として捉えられる。そして、このように脱魔術的に捉えられた自然界が、実在のすべてを尽くすとされる。自然科学が、客観的真理にアクセスする手立てとして、唯一の模範となる。自然科学で捉えられないものは実在ではないのだから、精神が世界へと投射したものと見なされることになる。

倫理学上の「問題含みの本性主義」は科学主義的であり、それが生まれた背景にはこの科学主義的自然観がある、というのがマクダウェルの見立てである。

科学主義的自然観は今日、これこそが常識だ、という顔をしてのさばっている。だがマクダヴェルはこれを「浅薄な形而上学」と呼んで批判する。たしかに自然科学は、自然界を脱魔術化の相において捉え、これを自身の流儀で見事に解明している。しかし、価値を含むおよそすべての事象を自然科学によって解明しなければならない道理は何もない。科学自体はそんな形而上学的要求をなしてなどいない。こうマクダウェルは論じる。

マクダウェルの立場は、「この行為は正しい」といった判断には正誤があり、その意味で、世界に価値的事実が成立している、というものだ。そこに価値がある世界は、脱魔術化された自然界とまったく同じではなく、かといって、それと無関係の別世界でもない。ある意味で同じ世界が、科学的な見方に対してその脱魔術化されたありようを示し、価値が見えるようになったわれわれに対して価値的諸事実を示すのだ。価値の概念が成立している限りにおいて、諸価値は一種の「自然」界に属すると言えよう。価値概念は自然科学によって捉えきれない限りにおいて、諸価値のある「自然」界は、科学の捉える自然界と区別される。科学に開示される自然は「第一の自然」であり、価値のある自然は「第二の自然」

である。このように「自然」は科学主義的形而上学がきめつけるよりも豊かなのだ、とマクダウェルは言う。

4　カントの洞察

前節（第3節）でわれわれは、マクダウェルがカントを悪く言うのを見たが、マクダウェルはカントのある洞察を評価する（「二種類の本性主義」第七節の最初から、最後から三つ目の段落まで）。すなわち、自然界は一つの世界として統一されており、われわれが自然界を知る——つまり体系的に知る——ことができるのはこの統一のおかげである。その意味で、自然界は主観に対して開かれている、という洞察である。

この洞察は「物自体」の想定と関連しているとマクダウェルは見る。物自体とは、真に客観的な世界である。真に客観的であるとは、カントにとって、主観の関与が一切ないということである。マクダウェルは、主観の関与が一切ない世界など意味をなさないとして、「物自体」の想定を退ける。だがマクダウェルは、「物自体」の想定のうちに、いま述べた、評価されるべき洞察が働いていると見る。というのは、その洞察は次のことを含意しているからだ。すなわち、もし主観の関与が一切ない世界を見出そうとするのならば、それは、われわれが知りうる自然界ではありえない、ということだ。だからカントは、真に客観的な世界として、自然界とは別の世界、つまり物自体を措定したのだ、とマクダウェルは考える。

マクダウェルによれば、カントのその洞察、そしてそこからくる物自体の措定は、科学主義的形而上学の難点をはからずも暴露している。科学主義的形而上学は、自然界を客観的な世界と考えたがっているが、それが無理であることが、カントの洞察によって暴露される、というのだ。

ただしマクダウェル自身は、世界に求められる客観性を、主観の関与が一切ないことのうちには見ない。むしろ、正誤が存することとして客観性を押さえる。したがってマクダウェルは、自然界は主観に開かれているというカントの洞察を受け入れたうえで、自然界の客観性（つまり自然認識の可能性）を認める。

5　責任を逃れたいという願望

それにしてもなぜカントは「物自体」の措定にあれほどまでにこだわってしまったのか（「二種類の本性主義」第七節の最後の二段落）。あるいはカントに限らず、なぜ科学主義的形而上学者に代表される近現代の多くの哲学者たちは、主観の関与を一切含まないという意味での客観性をあれほどまでに執拗に求めてしまうのか。

マクダウェルによれば、それは「責任を逃れたいという願望」のためだ。そして、この願望は「理解できる」ものだ。マクダウェルは言う。

もしロゴスの空間の完全に外部にある何ものかがいやおうなしにおのれを押しつけてくるのなら、われわれには、自分がある信念を持っていることを責められる心配がなくなる。(8) 歴史的にわれわれが現在の位置にいるおかげで、われわれは〝科学が顕わにするような世界〟という概念を用いることができるようになった。ということはつまり、われわれの場合について言えば、責任を逃れたいという願望がそこにしがみつくことができる具体的・確定的な対象ができたということだ。(なぜとくにわれわれが思考の責任を重荷と感じがちなのかを説明するさいにも、近代科学の興隆は中心的となろう。)(邦訳一八九〜九〇頁)

そこで、どう生きるべきかという問題についても、証明——すなわち、合理的である限りだれもがいやおうなしに認めざるをえないもの——を与えることで、倫理的思考の重荷を下ろしたい、という誘惑が生じる。

しかしマクダウェルによれば、われわれは、自分が信じ、考えることについて、結局は自ら責任を負うほかない。責任をまっとうするために、自分の信念や思考が本当に正しいのかを再考・点検していくほかかない(「二種類の本性主義」第一〇節)。

倫理的な問題について言えば、われわれの信念や思考の自己点検は次のようなかたちを取らざるをえない。すなわち、養育・教育を通じて「第二の本性」として獲得してきた道徳的なものの見方のうちの特定の部分をそのつど吟味する――そのさい、それ以外の部分を暫定的に立脚点に据える――というかたちである。その過程を通じて、われわれの道徳的なものの見方は発展しうる。

自然科学の探究も実は同様なのだ。自然科学における正誤の基準を提供するのは自然科学である。そして、これまでの基準を改訂する作業に従事するのも自然科学自身なのである。（ただし、自然科学的探究が倫理学的探究と異なる点もある。自然科学において、結論の導出は、物事の因果的影響に依拠しているが、倫理学においてはそうではない。）

倫理も自然科学も含め、およそ人間の合理的探究は、その外にある確固たる地点に立って正当化することなどできない。実践そのものの外にある確固たる立脚点に立ってその実践を基礎付けたり改善したりすること、これを、航行してきた船を港のドックに引き入れて点検・修繕することに喩えることができよう（科学哲学者ノイラートの有名な比喩である）。他方、われわれに唯一可能であるとマクダウェルが言う、われわれの合理的実践の点検・修繕は、航行しながらの点検・修繕に喩えられよう。

倫理的思考も科学的思考も、これでもう絶対に安心、という地点にはいつまでたっても到達できないのだろう（考えることで物事がよりよく見えてくるということはあるが）。こうした状況はたしかに重荷だが、ここから逃げるわけにはいかない。科学主義的形而上学は、うまいぐあいにこの重荷から逃れてしまいたいという魂胆に発する近現代のイデオロギーにほかならない、とマクダウェルは指摘する。

現代社会には（現代社会に限らないが）、倫理的含意を持つ、論争の的となっている問題がたくさんある。たとえば、死刑制度を存置すべきか、この被告をどう裁くか、同性婚を認めるか、動物をどこまで大切にすべきか、などなど。判断の難しさと責任の重大さを前に、われわれはひるむかもしれない。そこでもしだれかから、そうした難しい問題には科学が答えを出してくれます、と言ってもらえると、われわれは渡りに船とばかり、聞き耳を立てるかもしれない。もちろんマクダウェルは、諸種の科学的研究が倫理的諸問題に対して重要な光を投げ掛ける可能性をはっきりと認めている。だがそれはそうと、マクダウェルの議論が気付かせてくれることがある。それは、われわれが、自分が当事者である倫理的問題についての判断を、たとえば科学的方法として提示されているものに委ねようとしているとき、「私は思考する責任を逃れようとしていないか」と自問してみることの大切さである。

第七章 「非認知主義と規則順守」

本章では、マクダウェルが一九八一年に公刊した論文「非認知主義と、規則に従うこと」(Non-Cognitivism and Rule-Following)(『徳と理性』では「非認知主義と規則順守」と訳されている)の内容を紹介する。この論文が発表された機会や、ブラックバーンとマクダウェルの応酬をなす他の論文については、先の第五章冒頭で言及した。

本章の節分け(第1節〜第5節)は、「非認知主義と、規則に従うこと」の節分け(第一節〜第五節)に対応する。

マクダウェルによるブラックバーン批判の大枠およびいくつかの側面についてはすでに先の第五章で、「倫理学における投射と真理」に即して見た。本章の叙述は、第五章との重複を極力避け、簡略に済ませることにする。そうは言っても、ある程度の重複は避けられない。

1　非認知主義者は自分が認知と見なすものをどう特徴付けるか

まずは非認知主義とはいかなる立場なのかを再度説明しておこう（第四章末や第五章で述べたことの繰り返しになり、補論の冒頭でも繰り返すことになるが）。もちろん、本論文の議論に繋がるようなやり方での説明である。

われわれは「この行為は正しい」と思ったり、言ったりする。言い換えれば、世界の中にある物事（たとえばこの行為）に、ある価値（道徳的正しさ）を帰する。このときわれわれは日常的に、次のように思っている。すなわち、その行為は道徳的正しさという性質を持っており、価値が世界の中に存在する――ちょうど、価値が帰されるその物事が世界の中に存在し、また、物理的事物や性質も世界の中に存在するように――、と思っている。つまりわれわれは、価値の帰属は世界の記述の一種だと思っている。

われわれがそう思うのは間違いだ、とする考えがある。価値の帰属は世界の記述ではない。価値的性質なるものが実在するわけではなく、したがって、われわれが価値を認知していると思っているとき、実際に行なっているのは認知ではない。ある事物に価値を帰属するときにわれわれがしているのは、その事物のある実在する特徴に対する自らの態度ないし感情の表明である、という考えである。これは評価的言明についての非認知主義と呼ばれる。

「非認知主義と、規則に従うこと」で非認知主義に挑戦するにあたり、マクダウェルは述べる。価値の帰属は世界の記述ではない、と主張する非認知主義者は、その主張に実質を与えるために、ある言明が世界の記述であるとはどういうことかを言えなければならない、と。

ところがマクダウェルによれば、非認知主義者はこの点をわかりきったことと見なす傾向にあり、正面きって論じてくれていない。

そこでマクダウェルは、〝非認知主義者たちは、ある言明が世界の記述であるとは、こういうことだと考えているのではないか〟という自分の推察を述べることにする。そのうえで、その考え方を取るさいの問題点を指摘する。たしかに、マクダウェルのそのような議論を前にして、実際の非認知主義者は、いや、私はそんなふうには考えていない、と言うかもしれない。その場合にはマクダウェルの誤解だったということになるわけだが、それでも、ではあなたは積極的に言えばどう考えるのか、とその非認知主義者に問うて、議論を詰めていくきっかけにはなるだろう、と言うのである。

非認知主義者たちが取っているのではないかとマクダウェルが推察する考え方によれば、世界の実際のあり方——これを言い表せば世界の記述になる——とは、世界の、次のようなあり方である。すなわち、ある特定の視点から見ればどう見えるか、ということとは独立のあり方、これである。この考え方に立つとき、われわれの日常的な認知主義的錯認は、ある特定の視点（たとえば、自分がたまたま占めている視点）からそう見えているにすぎないものを、世界の実際のあり方と取り違える誤りとして説明されよう。

この考え方が問題なくあてはまる場合がある、とマクダウェルは言う。（むしろマクダウェルは、問題なくあてはまる場合があると、自分も思うような考え方をこそ持ち出している。この姿勢は、自分には理解し難い立場を理解しようとして、自分にも理解できるような考えのうちに取っ掛かりを探るものと言えよう。）それは、物体がどんな形をしているのかを、見て知る、という場合である。その視点から見たのでは、それがどんな形をしているか見間違えてしまうかもしれない、というまぎらわしい視点もあろう。はじめにこんな視点に立っていたのなら、取る視点を補正しなければならない。（この例を挙げるときマクダウェルは、視覚が人を欺く可能性はけっして排除できないとか、そこで触覚の補助が必要になるとかいう話は一切していない。また、形は第二性質ではなく第一性質であり、だからどうこう、という話はまだこの段階ではしていない。むしろ、適切な視点から見れば物体の形を見て知ることができる、という常識的見解に則って話をしている。）

では、「視点」の概念に訴えるこの考え方によって、非認知主義者は、ある言明が世界の記述であるとはいかなることかを説明できるだろうか。それを説明するには、「視点」の概念をしかるべく拡張しなければならないわけだが、適宜拡張して説明は結局うまく行くのか。こうマクダウェルは問う。

視点の概念の、哲学における拡張の例として、第一性質と第二性質を区別する次のような議論がある。第二性質（色など）は、（人間なら）人間に固有の「視点」から見えるものにすぎず、実在の真正の特徴ではない（われわれは日常、実は第二性質にすぎない性質を実在するものと見なしているが）。他方、第一性質は実在の真正の特徴である、という考え方である。

（先の第四章で見たように、「価値と第二性質」でマクダウェルは第一性質・第二性質のこのような理解を退けている。だがここ、「非認知主義と、規則に従うこと」では、マクダウェルが第一性質・第二性質を積極的にどのようなものとして理解するか、という話は問題になっていない。マクダウェルがここで、第一性質・第二性質に言及するこの考え方を持ち出したのは、すぐ説明するように、〝この考え方において第一性質はたしかにある役割を担っているけれども、その役割は、非認知主義では何によって担われるのかよくわからない〟と指摘するためである。)

この考え方に立つとき、われわれはなぜかくかくの第二性質経験(たとえば色経験)[1]を持つのかを、実在の真正の特徴であるもの——すなわち第一性質——のありよう(物体の表面の物理的状態)に訴えて説明することが可能である。たとえば、この物体は赤く見え、あの物体は青く見えるという第二性質経験の違いを、この物体の表面と、あの物体の表面との、光線の跳ね返し方の違いなど、第一性質の違いによって説明できる。

では、非認知主義者も同様に、われわれはなぜかくかくの価値経験を持つのかを、実在の真正の特徴である何かに訴えて説明できるだろうか。言い換えれば、色を第二性質と見なす考え方において、第一性質が演じる役割を果たすものを、非認知主義は提供できるだろうか。たとえば、この行為に正しさを帰するときに人が持つ「正しさ経験」と、あの行為に暴虐性を帰するときに持つ「暴虐経験」の違いを説明できるような、それらの行為が持つ実在的特徴を特定することができるだろうか。

もしそうした説明が与えられるとしたら、次のような形を取ることになるだろう、とマクダウェルは言う。われわれの価値経験は、認知的要素と非認知的要素に分解されうる。第一段階で、ある価値経験の認知的要素として、われわれによる、実在のある特徴の認知がなされる。第二段階で、こうして認知された、実在の特徴に対して、われわれはある態度や感情を抱く。これが非認知的要素をなす。その結果、全体としての価値経験が成立する。その経験において、あたかも価値が実在するかのようにわれわれには思われる。――説明はこのような形を取ることになろう、とマクダウェルは言う。

2　価値経験から認知的要素だけを取り出すことはできない

しかし、われわれの価値経験をそのように認知的要素と非認知的要素にきれいに分解することができるのだろうか。言い換えれば、ある価値経験（ある価値概念が適用される）を非認知主義流に二要素に分解することによって、〈その価値経験においてわれわれが認知している、世界の真正の特徴〉なるものを特定できるのだろうか。

求められるそのような〈世界の特徴〉は、以下の二条件を同時に満たさなければならない、とマクダウェルは言う。

ア　いかなる価値経験にも頼らずに同定することができる。

イ　問題の価値概念を習得している人がその概念を適用するのは、その〈世界の特徴〉に対する自分の態度を表明するためである。

これら二条件を満たす〈世界の特徴〉をそれとして取り出せるのだとしたら、〝その特徴を持っているのは何であり、持っていないのは何か〃の学習は、その価値概念を習得することなしになされうるはずである。言い換えれば、次のことが起こりうるはずである。すなわち、㈹どの場合にその価値概念が適用され、どの場合には適用されないかはわかるが、㈪他の者たちがその概念を適用するさいに行なう賞賛ないし非難に共感しないどころか、そのように賞賛・非難する気持ちや感じ方を理解せず、理解しようと試みさえしない、ということが起こりうるはずである。

そのようなことが起こりうるものと非認知主義者は考えているはずだ、とマクダウェルは言うわけだが、これは実際、ブラックバーンが自らの非認知主義的立場を説明するさいに 'fat' と 'fat↓' の例を用いて述べていることに合致する（本書の補論参照）。

しかしマクダウェルは、価値経験からそのように認知的要素だけを取り出すことはできない、と主張する。この主張を支持するのは「非認知主義と、規則に従うこと」第三節の課題である。

だがその前にマクダウェルは一つの注意書きを残す。スーパーヴィーニエンスについてである。「スーパーヴィーニエンス（supervenience）」は随伴性、付随性、上乗り[2]、必随[3]などと訳される。動詞形は「スーパーヴィーン（supervene）」である。スーパーヴィーニエンスは、ある種類の語（ないし概念）と、ある別の種類の語（ないし概念）の関係の一つである。[4] 種類Aの語が種類Bの語にスーパーヴィーンする、とは次のことを意味する。すなわち、ある状況（c）について、種類Aの語のあてはまり具合が〈かくかく〉であり、種類Bの語のあてはまり具合が〈しかじか〉であるとしよう。ここで、種類

Aの語のあてはまり具合が〈かくかく〉でない状況としてどんなものがあるかを考えることにしよう。そうしたいかなる状況においても、種類Bの語のあてはまり具合もまた〈しかじか〉ではありえないのだとする。種類Aの語のあてはまり具合と種類Bの語のあてはまり具合との間のこの関係（すなわち、Bが変わらない限りAは変わらないという関係）が、状況cとそれ以外の状況を比べる場合だけでなく、またどの状況とどの状況を比べる場合でも、必ず成り立つということ、これが、種類Aの語が種類Bの語にスーパーヴィーンするということである。

たとえば、人の星座を表す語は、人の誕生日を表す語にスーパーヴィーンする。すなわち、ある人（cさん）の星座はやぎ座で、誕生日は一月一日である。ここで、やぎ座でない人として、どんな人がいるかを考えることにしよう。やぎ座でないどんな人も、誕生日は一月一日ではありえない。このように、誕生日が変わらない限り星座は変わらないという関係は、cさんの誕生日・星座と、それ以外の人の誕生日・星座を比べる場合だけでなく、誰と誰の場合を比べる場合でも、必ず成り立つ。これが、星座を表す語が誕生日を表す語にスーパーヴィーンするということである。この場合には手短に（すなわち、「を表す語」を省いて）、星座は誕生日にスーパーヴィーンする、と言ってもよい。

スーパーヴィーニエンスの概念は、心の哲学でお馴染みである。人の心的状態を表す語は、人の身体的状態を表す語にスーパーヴィーンする（身体的状態が変わることなしに心的状態は変わりえない）、という説は広く受け入れられている。

スーパーヴィーニエンスの説明を終えたところで、非認知主義の問題に戻ろう。非認知主義者たちは、価値概念は、〈世界の特徴を捉える、価値概念ではないある概念〉にスーパーヴィーンする、と考える。(5) マクダウェルもこの考えに賛成する。価値概念がそれにスーパーヴィーンするところの、〈世界の特徴を捉える、価値概念ではない概念〉として、世界の物理的状態の概念があると、マクダウェルも非認知主義者も考える。すなわち、世界の物理的状態がまったく同じなのに、ある価値概念が、ある状況ではあてはまり、別のある状況ではあてはまらない、ということはありえない、とマクダウェルも非認知主義者も考えるのだ。

だがマクダウェルは次の点に注意を促す。すなわち、価値概念が、〈世界の特徴を捉える、価値概念でないある概念〉にスーパーヴィーンするからといって、そのことは、右記のア・イを同時に満たす〈世界の特徴〉をわれわれがそれとして取り出しうると考える論拠にはならない。なぜなら、そのスーパーヴィーンされる特徴がどうなっているとき、ある価値概念があてはまるのか、ということが、当の価値概念に言及しなければわからないのだとすると、たしかにスーパーヴィーニエンスは成り立っているけれども、問題の〈世界の特徴〉を取り出すのは不可能だ、ということになるからである。

だがマクダウェルによれば、非認知主義者は、価値経験においてたとえ問題の〈世界の特徴〉を特定するのが実際問題として容易でないとしても、そのような特徴がなければならないと考えがちである。どうしてそう考えたがるのか。これをマクダウェルは「非認知主義と、規則に従うこと」第三節で説明する。

3　規則に従うことについてのウィトゲンシュタインの議論、再び

ここでマクダウェルは、「徳と理性」第四節でも用いた、ウィトゲンシュタイン『哲学探究』の、規則に従うことについての議論を再利用する。二ずつ足していけ、という指示を受けた人が、一〇〇〇までは正しくやっていたが、一〇〇〇の次に、一〇〇二ではなく一〇〇四と言ったとしたら、という思考実験による議論である（本書第一章第4節参照）。

認知主義者と同様、ブラックバーンのような非認知主義者も、価値語の使用との関連で価値概念について語る。つまりそれらの非認知主義者にとっても、倫理的正しさとか、勇気とか、節制とかはそれぞれ、一つの概念を成している。つまり、どんな場合にそれを適用でき、どんな場合には適用できないかについて規則があり、その語の正しい適用と間違った適用がある、と非認知主義者も考えるのだ。そして、ある場合にある価値概念が適用されるかどうかは、その場合に世界の特徴がどうなっているかによる、と非認知主義者も考えるはずだ（その適用が世界の記述なのか態度の表出なのかという点で認知主義と非認知主義が分かれるのではあるが）。

さて、概念適用一般についてわれわれは、次のように考えたいという誘惑にかられるかもしれない。すなわち、概念適用（態度の表明であれ世界の記述であれ）の正誤を決める、世界の特徴は、われわれの態度や感情などという主観的な（いい加減な）ものとは独立に、そこにあるはずだ、と。そしてわれわれ

の心には、世界のそうした特徴を識別する能力が、態度や感情とは別の次元で、つまり理性的次元で備わっている。われわれのこうした能力の車輪を、世界のそうしたありようのレールにガチャッと嵌め込めば、おのずと正しい概念適用がなされる。そう考えたいという誘惑にわれわれはかられるかもしれない。このような考えは「プラトン主義」と呼びうる。イデアの世界にさまざまなイデアが、人間の態度や感情とは独立に存在している、という、しばしばプラトンに帰せられる教説と通じるものがあるからである。(6)

しかし、こう考えると説明しがたくなる事態が、現に生じている。それは、ある概念がある場合に適用されるかどうかについて、二人の間で意見が食い違い、話し合いでは埒が明かない、という事態である。

上述のように考えたいという誘惑に囚われる者は次のように考えるかもしれない。すなわち、もし一方で、本当に、ある概念の適用が問題になっているのなら、どうしても議論によって片が付けられない相違など、あるはずがない。(概念適用のすべを習得した人の知の内容は、少なくとも原則的には、一般命題の形で表わし尽くせるはずだ。これを言い表しさえすれば、ある概念適用が正しいかどうかについて同意に達しうるはずだ。逆に、そこで同意に達しえないのだとすれば、そこから、論争していた両者が念頭に置いていた概念がそもそも別の概念であったことが顕わになるだろう。)他方で、どうしても議論で片のつかない相違が残る場合には、実は、もともと概念と呼びうるものは問題になっていなかったのだ。そう考えるかもしれない。

このような考えに対してマクダウェルは言う。概念適用のやり方を学ぶことのなかに、物事に対する反応のしかたを学ぶということが、本質的な契機として含まれている。共有された、反応のしかた（後期ウィトゲンシュタインの言う「生活形式の一致」）のただなかに、概念適用の正しさが成立している。この反応のしかたを誰かが何らかの形で共有しそこなうということがありうるし、その共有のしそこないのために、その人が概念適用を誤るということがありうる。そのとき、その人に対してその誤りを議論だけによって認めさせることはできないかもしれない。議論が機能するために共有していなければならない前提的理解がその人に欠けているかもしれないからだ。そうマクダウェルは論じる。

それが実態なのだが、しかしわれわれは、概念適用の正しさが、生活形式の一致（などといういい加減なもの）のただなかで成立している、と考えることにおそれをなしてしまう。「めまい」をおぼえてしまう。しかし、現に概念使用の正しさはそこで成立しているのだ、という事態をあくまで直視しようではないか、そうすればめまいなどおぼえなくて済む、とマクダウェルは言う。

4　プラトン主義でも非認知主義でもない第三の途

「非認知主義と、規則に従うこと」第四節でマクダウェルは、人がなぜ非認知主義に陥ってしまうのかを診断する。そのさい、参照軸として、一八世紀の（つまりヒュームの）心の哲学を引き合いに出す。マクダウェルによれば、一八世紀の心の哲学には二つの基本的前提がある。第一の前提は、価値帰属は行為へと導く、というものだ。人が何かに正の価値を認めておきながら、別にそれを実現したいとは思わない、ということはないし、何かに負の価値を認めておきながら、別にその実現を避けたいとは思わないということもない、という前提である。

第二の前提は、認知だけでは行為への動機付けは生じない、というものである。世界の特徴を認めることは、何かをしようと思うことと、別次元の事柄だ、というのだ。理性（世界のありようを捉えようとする）と欲求（世界のありようを変えようとする）の截然たる二分である。

マクダウェルは、一八世紀の心の哲学のこれら二つの前提のうち、第一の前提を受け入れ、第二の前提を退ける。(7) 次のように考えて構わないではないか、とマクダウェルは言う。すなわち、世界の特徴の一種として価値が存在し、道徳的価値はわれわれの理性に対して行為への要求を課する、と考えて構わないではないか、と。

そう考えることができるというのに、人はなぜ非認知主義に陥ってしまうのか。マクダウェルは次のように診断する。たしかに人が、価値についてのプラトン主義はだめだ、と思うのは正しい。しかしそう思う人は、そこで次のように考えてしまうかもしれない。すなわち、価値経験が、欲求的なものいっさいから独立した実在を理性が把握することではないのだとすると、〝価値経験において理性はたんに欲求につき従っているにすぎない〟と見なすしかなくなる、と考えてしまうかもしれない。人はこうして、価値経験それ自身はいかなる意味においても認識ではなく、態度の表明にすぎない、という立場に陥りうる。そうマクダウェルは診断する。

しかし、プラトン主義でも非認知主義でもない第三の途がある。すなわち、価値はわれわれのものの感じ方から独立には存在せず、かつ、価値帰属に正誤がある（だから価値経験において理性はたんに欲求につき従っているわけではない）、とする、マクダウェル自身の取る認知主義である。人が非認知主義に陥ってしまうのは結局、この第三の途の可能性に思いいたらなかったからではないか、とマクダウェルは言う。

5　非認知主義者に告ぐ

一般に非認知主義者は価値帰属を態度ないし感情の表明と見なすが、非認知主義者のなかには、価値帰属はたんなる感嘆（すなわち、ただ感じられているだけのもの。因果的説明は受け入れるかもしれないが、理由付けは受け入れないもの）ではない、と考える者がいる。ブラックバーンはその一人である。マクダウェルは、非認知主義者のなかでも、そのような論者に呼びかける。価値概念の把握は評価的態度から独立になされうる、とするこだわりを捨ててみてはどうか、と。

「非認知主義と、規則に従うこと」の最後でマクダウェルは、科学主義的な世界観を話題にする。これは、世界を、近代科学が描き出すように、それ自身は価値を欠いたものとして捉える世界観である。非認知主義者は科学主義的世界観を採っている。

マクダウェルは言う。それ自身は価値を欠いた世界というものを考えることはたしかに可能だ（それは世界の唯一可能な捉え方ではないが）、と。また、そのような世界観に立つとき、人間の価値経験はどう説明されることになるか、どこまで説明されうることになるのかを考えることには意味がある、ともマクダウェルは言う。

だが、非認知主義者は、まず世界を、それ自身価値を欠いたものとして思い描いたうえで、価値帰属は世界――自分の思い描くような世界――の記述ではない、と主張しているわけだ。この主張〔価値帰属は、〈価値を欠いたものとして思い描かれた世界〉の記述ではない、という主張〉自体、間違いではない。しかし、世界を必ずしもそのように思い描く必要はないということを思うとき、非認知主義者はそもそもどうしてそんな問題設定にこだわるのか、奇妙に思えてくる。そうマクダウェルは結ぶ。

本章の結びに、いま説明したのと同じ内容を述べた、「非認知主義者と、規則に従うこと」の末文を引用しよう。マクダウェルは言う、「非認知主義者は、価値判断は自分の〔言う意味での〕世界の記述ではないと主張したがる。そのことは、たしかに間違ってはいないけれども、奇妙なしかたで的外れであるように……思われよう」〔強調原文。邦訳二五一頁〕と。

補論　ブラックバーンの‘fat↓’の例をめぐって[1]

——マクダウェル流の認知主義の路線に立って

ブラックバーンは、自らの立場——すなわち、価値の反実在論、言い換えれば、評価的言明についての非認知主義——を支持し、マクダウェルの実在論、認知主義を批判するために、‘fat↓’の例（すぐ説明する）に基づく論点を提示した。たとえば、ブラックバーンの著書『ルーリング・パッションズ』[2]第四章「道徳的命題——それは何でないか」[3]などにおいてである。本補論では、ブラックバーンのこの論点に対して、マクダウェル流の実在論・認知主義の路線（と筆者が解するもの）に立って、応答を試みる。

以下、第1節で、ブラックバーンの‘fat↓’の例およびこれに基づく論点を紹介する。第2節で、これに対して筆者がブラックバーンになした問いかけを紹介する。第3節で、ブラックバーンから筆者への応答を紹介する。最後に第4節で、筆者からブラックバーンへの再応答を紹介する。

1　'fat↓' の例によるブラックバーンの論点

ブラックバーンの 'fat↓' の例を紹介する前に、二点記しておく。

第一に、ブラックバーンの非認知主義とマクダウェルの認知主義の共通点と相違点を、本補論に関係する点に絞って整理しておく。（両立場の説明は本書ですでに何度か行なってきた。以下の叙述で、すでにおなじみの事柄については適宜読み飛ばして頂ければと思う。）

ブラックバーンもマクダウェルも、われわれが、道徳的正しさや美しさといった価値概念を持っていることは認める。それを概念と見なすことは、その適用が規則に支配されていると見なすことを含意する。そしてこのことは、それが適用される対象の外延が、でたらめではなく何らか「形」と呼びうるものを持っていることを含意する。

さて、一方のマクダウェルによれば、価値概念がどんな場合に適用され、どんな場合には適用されないのかは、価値的でない事物や性質の概念しか用いてはならないのなら、説明できない。その意味で価値概念は、非価値的概念に翻訳できない独立の概念である。つまり、価値経験においてわれわれが認知しているのは、まさに価値である。

これに対してブラックバーンは言う。価値概念がどんな場合に適用されるのかは、価値的でない事物や性質の概念しか用いなくても、説明できる（'fat↓' の例はこのことを示すためのものだ）。そして、価値経験においてわれわれが認知しているのは価値ではない（価値と呼ばれるものは実在しないから認知の対象にならない）。われわれが認知しているのはむしろ、価値概念のそうした説明に登場する、価値的でない事物や性質である。そうブラックバーンは主張する。(4)

あらかじめ述べておきたい第二点は、'fat' という英語に関わる。この形容詞は、人（など）の肥満ぶりを述べるのに使われるが、そのさい、肥満に対する否定的評価（軽蔑）抜きでそれを述べる場合にも使われるし、また、そうした体格への攻撃的な悪口としても使われる。この点でその語は、ブラックバーンの目的に適っている（どうしてそうなのかはすぐに明らかになろう）。しかし日本語では、否定的評価抜きで肥満ぶりを述べる語と、露骨な悪口として口にされる語は別であろう（前者は「肥っている」など、後者は「デブ」など）。だから、以下で 'fat' の語、そして 'fat↓' は原語のまま記すことにする。

ブラックバーンの 'fat↓' の例とは次のものだ。(5)

ある文化のことを考えよう。その文化において、肥満体は少しもまずくないと見なされている。あるいは、望ましいとさえ見なされている。さて、流行が変化したとしよう。肥った人間を見ると胸が悪くなる、という者たちが現われたとしよう（スリムで活発でしなやかなティーネイジャたちがそれだとしよう）。ティーネイジャたちはこの嫌悪感を、特徴的な、あざけるような声の調子で表す。たとえば、「お兄さん（／弟さん）、どんな人？」と訊かれて、'Oh, he is *fat* (デブよ)' と言う。これを

私は 'he is 'fat↓'(6) と書くことにする。肥満体への嫌悪感を共有する者でない限り、その語をその調子で用いているところを人に聞かれることはけっしてないだろう。それ以外の人は、たとえ、先の発言には同意できないという気持ちを表すのだとしても、典型的には、その調子を繰り返して 'No, he is not really fat↓ (fat↓ではないでしょ)' と言いはしないだろう。というのは、そのせりふは、肥満体への嫌悪感を共有しつつも、X君は肥満体ではないと言うときのものだからだ。肥満体を嫌悪する感じ方を拒否したい人は「そんなこと言っちゃだめだよ」などと言うだろう。(『倫理的反実在論』二七一～二頁)

この例に基づくブラックバーンの論点は次のものだ。流行の変化後のその社会で、一方の大人たちはある男性について 'He is fat' と言ったりするかもしれない。こう言うことによって大人たちは、その男性の肥満について特に評価を行なっていない(「あの人は肥っている」)。他方のティーネイジャたちはある男性について 'He is fat↓' と言ったりするかもしれない。こう言うティーネイジャたちは、その男性の肥満について否定的評価を行なっている(「あいつデブだし」)。

このように、'fat↓' という語は、否定的評価を含みこんだ語である。そしてこの語の使用は規則に支配されている。

この場合、マクダウェルの価値の実在論によれば、ティーネイジャたちは fat↓ness という価値概念を持っており、これは fatness の非価値的概念とは異なる、ということになりそうだ。そして、fat↓ness

という価値的性質が存在し、これはfatnessという非価値的性質とは異なる、ということになるかもしれない。ただしそうなると断言はできない。(7) というのは、もしマクダウェルが、そもそも人の肥満は否定的に評価すべきものではない、と考えるのならば、fat↓nessという否定的価値が実在するとは認めないだろうからだ。だがこの場では、ブラックバーンとの議論を行なうために、マクダウェル流の立場によってfat↓nessという価値的性質が認められる、と仮定することにしよう。

ブラックバーンが想像している状況で、ティーネイジャたちは、すでに'fat'という語の使い方を知っており、あるとき(すなわち、流行の変化したとき)、この知に基づきながら、'fat↓'という語の使い方を身につけた。そのさいティーネイジャたちは、マクダウェル流の立場によれば、fatnessという性質の概念の理解に基づきながら、fat↓nessという別の性質の概念を学んだことになろう。

だがそのようには考えにくい、とブラックバーンは言う。'fat'という語を正しく適用している大人は、その適用にさいして、事物のある特徴(人の肥満)を認知し、これに応答している(同じことが、流行が変化する前のティーネイジャたちによる、その語の正しい適用についても言える。だが、いまは流行の変化後の現在のことを考えよう)。さて、大人が認知するその特徴と、ティーネイジャが認知する特徴は、まったく同じである(すなわち肥満である)、とブラックバーンは言う。その証拠に、大人の使う'fat'と、ティーネイジャの使う'fat↓'の外延はまったく同じだ。それらの違いはひとえに、肥満への軽蔑をこめるかこめないかの点だけである。つまり、

fat ＋ これに対する軽蔑の感情（持つ人は一貫して持つ）＝ fat↓

との等式が成り立つ。だから、〝fat↓ の概念は fat の概念と内容上異なる〟とか、〝fatness とは別の性質として fat↓ness が実在する〟と言うのは不適切だ、と言うのだ。

もちろん fat↓ness は、〈マクダウェル流の立場によって、実在する価値的性質と見なされうる（かもしれない）もの〉のたかだか一例にすぎない。しかしブラックバーンは、この例についての右記の考察を、価値的性質と呼ばれるものが実在しないことを示すモデル・ケースとして提示していると思われる。

2　筆者からブラックバーンへの問いかけ

筆者はブラックバーンに次のように問いかけた[8]。

ティーネイジャたちが‘fat↓’と言う表現を用いる、というあなたの例に変更を加えさせて下さい。ティーネイジャたちはみな、あるカリスマ・アーティストを崇拝しており、そのアーティストは肥っています。自分たちのヒーローに対する畏敬の念に打たれるあまり、ティーネイジャたちはそのアーティストについて失敬なことは何一つ、けっして言おうとしません。そのアーティストの肥満ぶりが、彼を軽蔑せよと促しはしますが、この促しを、そのアーティストに対するティーネイジャたちの畏敬の念が、いわば「黙らせる」(9)のです。だからティーネイジャたちはそのアーティストをfat↓とは呼びません。もっともティーネイジャたちはそのアーティストをfatと呼ぶかもしれません(典型的には大人たちが用いる中立的なイントネイションを例外的に用いてです)。さて私の見解では、ティーネイジャたちがこの肥った人を例外としているからといって、必ずしもティーネイジャたちが一貫性を欠いているということにはなりません。'fat↓'という表現の、ティーネイジャたちによる使用は、いぜんとして規則に支配されたものでありうるのです。そして、そのような例外が存在するというだけで、fat↓と呼ばれる事物(つまりそう呼ばれる人)の集合が無形になってしまうことはないと思います。

変更後のこの例について二点、所見を述べます。第一に、大人たちはもちろんそのアーティストをfatと呼びます。ですから、大人たちの言う'fat'の外延と、ティーネイジャたちの言う'fat↓'の外延は、厳密には同じではありません。第二に、人は、〈'fat↓'という表現の使い方を知っている者〉に数えられるためには、肥っている人たちのうちの誰を例外とすべきかを知っていなければなりません。すなわち、その人たちのうちの誰をfat↓と呼んではならないのかを知っていなければなりません。そしてこの知識は、〈当該の、例外をなす類の畏敬に、誰が値するのか〉の知を含んでいます。ですから人は、〈'fat↓'の使い方を知っている者〉に数えられるためには、〈'fat'の使い方を知っている者に数えられるためになら必ずしも知らなくてよいあること〉を知っていなければならないのです。

私は、これが価値についてのあなたの非認知主義的説明に対する反論になる、などと申すつもりはありません。ましてや、認知主義的説明が真であることを確立する議論だ、などと申すつもりは毛頭ありません。ただ、これに対して何とおっしゃるか伺いたいのです。

補足する。筆者が言いたかったのは次のことだ。すなわち、‘fat↓’の使用は、軽蔑の感情をこめることを含んでいる以上、〈軽蔑などの感情を持つこと〉が有する複雑さを巻き込んでいてもおかしくない。たとえば、右で見たように、ティーネイジャたちについて次のような例外も生じうる。すなわち、肥った人は通常、軽蔑の念を引き起こし、したがってfat↓であるが、この人は、肥ってはいる（だからfatではある）けれども軽蔑の念を引き起こさないからfat↓ではない、という例外である。そうなると、

fat ＋ これに対する軽蔑の感情（持つ人は一貫して持つ） ＝ fat↓ （傍点はいま付加）

と単純に言うことはできないのではないか。ブラックバーンは右記の等式を前提して次のように主張している。すなわち、‘fat↓’は、評価をこめた記述のための語だが、これは、評価をこめない記述のための語、‘fat’と、記述内容に関して区別できない、と。この前提に基づいてブラックバーンは、fatの概念とfat↓nessの概念は内容上区別できない、と論じ、そこから、非価値的性質fatnessと区別される価値的性質fat↓nessの実在性を否定する。筆者はブラックバーンの例を、想定可能なしかたで変更したと

き、その前提が成り立たなくなるということを示そうとした。それによって、ブラックバーンの持ち出すモデル・ケースの、モデル・ケースとしての力をそごうとしたのだ。

3　ブラックバーンから筆者への応答

これに対してブラックバーンは筆者に次のように応答した。(10)

オギハラ氏の挙げた事例と、私への鋭い質問に大いに感謝する。氏が提起する事例は、ティーネイジャたちが、自分たちが尊敬するある人を記述するのに'fat↓'を用いるのを差し控える、というものだ。この場合、ティーネイジャたちによるその語の使用が一貫性を欠くわけではなく、規則に支配されている、ということに私も同意する。また、〈ティーネイジャたちがfat↓と呼ぶ人々の集合〉がその事情のせいで「無形」になるわけでもない、ということにも同意する。

思うに表出主義者としては、その事例を歓迎すべきである。表出主義者はその事例についての優れた説明を持っているからだ。私の表出主義的説明によれば、われわれは負荷語（a loaded term）を持っている〈負荷語とは、誰かを普通にfatと記述しはするのだが、そのさい、〈肥っているから嫌がったり軽蔑したりする〉といった態度を負荷されている語である〉。その負荷ないし態度は、その語の外延に影響し（drive）、その輪郭を変えうる。(11)だからこそ、誰かが賛嘆に値することによってその態度が中和されるとき、その語は黙らされるのだ。その人はたしかに肥っているが、その人をfat↓と呼ぶのは不適切である。なぜなら、肥っているがゆえの軽蔑は、まさにオギハラ氏が「当該の、例外をなす類の畏敬」と呼ぶものによって黙らされるから、あるいは、こう言ったほうがよければ、打ち負かされる（overcome）[12]からである。

ことによるとオギハラ氏の議論には、私はそれほど確信を持てない一つの含意があるのかもしれない。氏は次のように想定しているのかもしれない。すなわち、軽蔑がいつ黙らされたり打ち負かされたりするのかを知ることは、一つの意味論的な（semantic）知である、と。それは疑わしいと私は思う。私の考えでは、ティーネイジャたちが唯一必要とする意味論的な知は、ただ、(a)‘fat↓’は、ある人が肥っていることによってのみ適用されうるということの知、そして(b)‘fat↓’は軽蔑的であり、したがって、その性質に対する否定的態度を含意するということの知、だけである。〈ある人を、それ以外の長所のゆえに尊敬する気持ちがその場合にその軽蔑を黙らせたり打ち負かしたりするのか〉についての付加的感受性なるものは、意味論的感受性であるというよりむしろ、より一般的な社会的スキル・感受性の、一つの結果であろう。同様に、ある人を‘pig-headed’と呼ぶことは、次の二つのことの知を含意している。[13]すなわち、その表現は、不適切なしかたで頑固である（unduly stubborn）人に適用されるということの知、そして、その表現は軽蔑的であるということの知を含意している。だが、次のことを知ることは、すなわち、問題の頑固さが正当化されるものである（warranted）などの理由で、いつそのような軽蔑・侮蔑を示してはならないのか、を知ることは、アリストテレスの言うフロネーシス、すなわち、実践的な事柄についての知恵、を要求することだろう。その能力は意味論的理解だけによっては与えられないだろうと思う。
これらの問題について明瞭な説明を与えることは、表出主義者以外の何者にとっても非常に困難だろうと、私は思う。だから私は最後にもう一度、オギハラ氏に感謝する。それを試みる機会を与えてくれたことに対してである。

4　筆者からブラックバーンへの再応答

これに対して筆者は次のように書いた。

ブラックバーン教授のご親切な応答にこの上なく感謝します。ご応答は、教授の表出主義的説明がいかに強力かをいま一度私に示すものです。また、私自身の考えを明確にする助けにもなります。ティーネイジャたちが（すべてのティーネイジャたちが、あるいは一部のティーネイジャたちが）ある肥った人をfat↓とは呼ばない、次の二つの場合を対照して下さい。〔1〕ティーネイジャたちは、ある人が肥っていることに軽蔑をおぼえる（したがって、私的にはfat↓と呼ぶ）けれども、ティーネイジャたちのうちのある者は、公の場でその人をfat↓と呼ぶことによってその軽蔑を表現することは、社会的考慮から控えます。ブラックバーン教授は私に応答して下さるさい、およそこの種の場合を念頭においておられるのかもしれません。〔2〕ティーネイジャたちはみな、あるカリスマ・アーティストに対して実に深い畏敬の念を抱いているために、そのアーティストが肥っていることに対して、そもそも何ら軽蔑の念をおぼえません。したがって、ティーネイジャたちは公の場でも私的にもそのアーティストを fat↓ とは呼びません。私が念頭においているのはこの種の場合です。〔1〕で、社会的考慮は、軽蔑の念を公の場で表そうとする傾向性を「黙らせる」か「打ち負かす」かします。〔2〕で、そのアーティストに対するティーネイジャの畏敬の念は、〈そのアーティストが肥っていることによる、軽蔑への促し〉を黙らせます（黙らせるのであって、打ち負かすのではありません。ティーネイジャはみな軽蔑をまったくおぼえないものとわれわれは想定しているからです。）〔1〕で、‘fat↓’は、問題の肥った人に適用されます。〔2〕については、まず、私が含意してきたことを明示的に言い表させて下さい。含意してきたこととは、ティーネイジャたちはだれもがみな、そのアーティストに対するそのような畏敬の念を共有している、ということです。ですから、（公の場であれ私的にであれ）そのアーティストを一度たりとも fat↓ と呼ぶ者は一人もいません――大人にもティーネイジャにもいません――。その場合、fat↓ はそのアーティストには、端的に、適用されない、と申したいのです。（ちなみに私の見解では、‘pig-headed’は、（不適切な頑固さと対比される）正当化される頑固さには、端的に、適用されないのです。）

以上より、次のことを申す準備ができました。ブラックバーン教授は、私が次のように想定しているかもしれない、とお考えです。すなわち、〈軽蔑の念（これは実は、軽蔑の念を公の場で言い表そうとする傾向性のことを言わんとされているのだと私は解します）が、いつ黙らされたり打ち負かされたりすべきか〉を知っていることが、一つの意味論的知識を構成する、と私が想定しているのかもしれない、とお考えです。しかし、これは私の想定するところではありません。私の想定はむしろ、〈肥っていることによる、軽蔑への促しがいつ黙らされるべきか〉を知っていることは、〈いつfat↓が適用されるか〉を知る能力の一つの構成契機である、というものです。（ちなみに私の見解では、〈頑固さのどの事例が、正当化されるものであるのか〉を知ることは、〈いつ'pig-headed'が適用されるか〉を知る能力の一つの構成契機です。）

これについてブラックバーン教授がご親切にも何かおっしゃって下さるなら誠に感謝申し上げる次第です。

おわりに――マクダウェルの倫理学

1

マクダウェルの議論はスタイル上、「分析哲学」に分類される。このカテゴリ自体がどれほどの内実を持つのか、という問題もあるが、いまそれは措いておこう。そのうえで言うが、分析哲学に対する筆者の思いはアンビヴァレントだ。

一方で筆者は、その「ジャンル」に属する多くの仕事を素晴らしいと思う（その一つが、本書で紹介したマクダウェルの仕事だ）。それもあって筆者は、分析哲学の世界をよりいっそう知りたいと思うし、分析の流儀を習得したいと願ってもいる。そこで要求される通り明晰に論じなければならない、と自分に言い聞かせもしている。

他方で、次のようなネガティヴな思いを抱いてしまうこともある。すなわち、分析哲学は哲学のスタイルとして、またおよそ人間の思考のスタイルとして、いかんせんいびつだ。技巧的な流儀に従おうとして、窮屈な姿勢に凝り固まってしまっている、とでも言おうか。また、分析哲学において哲学や思想の諸問題が竹を割ったようにすっきりと、苦悶なしに論じられているのを見て、苛立つこともある（おわかり頂けるだろうか）。

このように筆者は分析哲学に対して愛憎入り混じった思いを抱いている。完全に同一化してはいない。それもあって筆者は、マクダウェルの倫理学的議論が「哲学をやるのならこれだけ読んでいれば宜しい」と言えるほど圧倒的に重要であるとは思わない。

だがマクダウェルの議論は、「異物」ならではの刺激に満ちている。異物ということのうちには、分析哲学のみならず、日本に対する西洋ということも含まれている。

しかし、それだけではない。事柄の思索としての優れた実質がある。本書ではそのことを示そうと試みた次第だ。

2

マクダウェルの議論が持つ、事柄の思索としての優れた実質とは何か。

その一つは、道徳心理学的なさまざまの洞察である。行為を促す要求を状況のうちに見て取る、という認知主義的な捉え方。ある考慮事項が別の考慮事項を「黙らせる」、ある考慮事項が「せり出している」のを知覚する、という説明方式。行為者が持つ関心と、行為者が状況のうちに認める考慮事項とに言及する、行為の核心的説明というアイディア。人間が実践的合理性に参与するにあたっての習慣付けの決定的重要性、などである。マクダウェルの倫理学的思考のそうした主要論点は序章第5節、第一章第1節、第2節でまとめてある。

3

だが特に重要なのは、第一章第2節末や第六章末で触れた次の点である。すなわち、人は自分の行為や思考に責任を負う。いまここでどうすべきか、あるいは、この点はどうなっているのか、たしかに、見極め難いことがある。そんなとき、当たり前のことだが、よく見、よく考えなければならない。必要に応じて、関連する物事を調べたり、見識ある人の意見を聞いたりもすべきだろうが、最終的には、理性を働かせて自分で答えを出さなければならない。いくらこの作業が大変だからといって、何かほかのものに肩代わりしてもらうことはできない。この点の認識は、自らの行為・思考に対する哲学的次元での責任感に関わる。この感覚が、マクダウェルを読むことで研ぎ澄まされるように筆者には思われる（哲学的な責任逃れの手口が次々潰されていくのに立ち会うことによってである）。哲学的次元でのこの責任感はまた、生に向かう態度の問題でもある。

蛇足かもしれないが、記しておく。序章以来繰り返し述べてきたように、マクダウェルは近現代に特有の考え方を批判しており、筆者はその批判に正しさと重要性を認める。しかし、そうした近現代的な考え方の問題点が指摘されるのを読んで一度「それはそうだな」と納得すれば、その考え方からきれいに解放される、というほど事態は単純でないようだ。マクダウェルが批判している考え方は自分の中で、気が付くとまた頭をもたげ、いぜんとして生き続けているようなのだ。そこで筆者が心掛けているのは、自分自身におけるその考え方のしぶとさを折にふれて再確認し、改めてそこにマクダウェル流の批判をぶつけていく、という根気のいる作業だ。

だが、蛇足を重ねれば、批判の対象とのこのような長期にわたる格闘は、同じようなことの繰り返しに見えるとはいえ、まったくの徒労ではなさそうだ。当該の問題に関していま自分に見えているものごとのうちに、自分のこれまでの格闘の跡が刻みこまれているからだ。

そうした点でマクダウェルはまぎれもなくウィトゲンシュタインの直系である。たしかに両者は人物としては似ていない。だが、哲学を裏切らずにマクダウェルを読み続けるという課題と、哲学を裏切らずにウィトゲンシュタインを読み続けるという課題は似ている。

4

本書ではマクダウェルと現代の他の哲学者との論争をいくつか紹介した。そのうち、とくに今日もなおわれわれの興味をひくのは、やはりブラックバーンとの論争であろう（本書第五章、第七章、補論）。補論からも明らかなように、筆者はマクダウェルの実在論・認知主義の側にくみする。だが、いま他人事のように話せば、この論争は永遠に決着がつかないかもしれない。ことは世界観の相違であり、いずれの立場も、それを取ることにしたらしたで、一生やっていけそうな世界観を示している。どちらの立場に向かうかは、人の哲学的気質の問題でもあるのだろう。だが、ここには実質的な対立がある。世界は価値を含むのか含まないのかをめぐる対立である。

本書第三章で紹介した、行為の理由についての、外在主義者ウィリアムズと内在主義者マクダウェルの論争についても、似たことが言えよう。

5

筆者が今後マクダウェルをめぐって考えていきたいことの一つは、松永雄二がその怪力をもって提起してくれている。『知と不知——プラトン哲学研究序説』（松永 1993）第一〇章「たましい・こころというものの存在」においてである。以下、同章から二つの箇所を引用したい。ウィリアムズやマクダウェルの仕事に言及しつつ、松永は言う（同章注14）。

言いたいことは、いわゆる moral realism の立場は、たしかに B. Williams のいう substantive or thick ethical concepts に対応しているさまざまな倫理的現実の把握の場所を認めることにおいて大きな意味を持つものであるにしても、終極的にはその問題は、プラトンの言葉を借りれば「よい」というそのことがまさにそれ自身として〈ある〉という、つまりは善のイデアの問題場面においてでしか解けないであろうということである。

これと重なり合うことはまた次のようにも語られる。だが、当該箇所を引用する前に、松永の用語を説明しておこう。「パイデイア（教育）」に「パイデイア1」と「パイデイア2」がある。プラトン『国家』で語られる、理想的国家の守護者となるべき者の教育の二段階に対応する。『国家』では、「パイデイア1」は、第二・三巻で語られる、音楽・文芸と体育を通じての（つまり習慣付けによる）徳の形成であり、「パイデイア2」は、第六・七巻で語られる、魂の向きかえとしての、問答法を通じての、知そのものの教育である。まず松永は言う。

つまり……かの「パイデイア1」によって「人柄としての徳」を身につけた者は、ひとの様々な行いや振舞いを語り評価する言葉を、自他の行為にただしく適用することが出来るようになっているのだ。そしてそのことは言い換えれば、その者にとって世界はそのように見えてくるということである。

ここで松永は注を付し、アリストテレス『ニコマコス倫理学』第三巻四章、六章、一二章とともに、マクダウェルの仕事を参照する。そして本文を次のように続ける。

しかし繰り返せば、その者の知は、それ以下でもそれ以上でもないのである。――そして筆者は思う。ソクラテスが語った「たましい・こころを気遣うこと」というのは、なにかそれ以上のことをわれわれに要求しているのだ、と。それは再び繰り返せば、「たましい・こころとしての自己自身の生のあること」の厳密な意味での自己知が、いったい何処でどのようにして生じるのか、という問題に他ならなかったのである。そして少なくともプラトンはかの『パイドン』から『国家』を経て晩年の『ピレボス』に至るまで、まさにそのような所で「プロネーシス」（知慮、知）の成立というのを、考えていたのである。（同書二六七～八頁）

ここで松永が提起している問題は、一つには、何をなすべきかを見て取ることの途方もない難しさとしてマクダウェルが語ったものに関わるだろう（「徳と理性」第七節）。つまり、その途方もない困難を引き受けつつ生きることに関わるだろう。

だが、松永の問題はそれに尽きないと思われる。「「よい」というそのことがまさにそれ自身として〈ある〉という……問題場面」。あるいは、「「たましい・こころとしての自己自身の生のあること」の厳密な意味での自己知」。これら、おそらく言い換え不可能な言葉が追いつめているものは、次の意志に関わっているのかもしれない。すなわち、自分が道徳性にコミットして生きていることの意味を、むろん当のコミットメントに内在的な視点から、完全に透明にしようとする意志に、である。

6

本書で見てきたように、またいまも第4節で触れたように、マクダウェルの主張は、さまざまな立場に対する抵抗として表現され、また、自身に対するさまざまな抵抗をひきおこしてきた。現代哲学におけるマクダウェルの業績の一つは、実質のある哲学的論争の事例を提供してきたことである。

第一章で筆者はマクダウェルの倫理学的立場について、「論敵とぶつかり合う鈍い音を響かせる」と書いた。マクダウェルを解説した本書のどこかでもその鈍い音が響いたのだとすれば、うれしく思う。

注

序章

（1）現在マクダウェルが所属するピッツバーグ大学のウェブサイト中、マクダウェルのページに掲載されている履歴書による。

（2）'Boksburg' はアフリカーンス語の発音でも英語の発音でも、カタカナ表記では「ボクスバーグ」となるとのこと。（マクダウェル 2012, 三五四頁で「ボクスブルグ」と記されているのは、'Johannesburg' が英語で「ヨハネスブルグ」と発音され、日本語でもそう呼ばれていることからの類推によったのかもしれない。だがこの名は、南アフリカの英語では「ジョハネスバーグ」と発音され、アフリカーンス語では、「ヨハネスブルグ」に一番近い読み方でも「ヨハネスバーグ」である。ところが、昔の人が「ヨハネスブルグ」という読みを定着させてしまったのでこの読みが使用されている。つまり「ヨハネスブルグ」は、'-burg' で終わる南アフリカの地名の発音としては異例であるとのこと）。ボクスバーグには、アフリカ民族会議（第一一代議長はネルソン・マンデラ）の指導者クリス・ハニ（一九四二〜九三）が住んでいた。同都市では一九八八年に反アパルトヘイトの不買運動が起きもした。以上の点を教えて下さった在南アフリカ共和国日本大使館の職員さんに感謝する。ちなみにジャック・デリダは『マルクスの亡霊たち』（元はカリフォルニア大学リヴァーサイド校での講演）を、共産党に入党後自宅で暗殺されたばかりのハニに捧げている。

（3）オクスフォードでのマクダウェルの知的環境については、神崎繁「「概念的なもの（the conceptual）」の位置」（マクダウェル 2012 所収の解説）を参照。マクダウェルはしばしばウィギンズに言及する（本書第一章第2節中、「徳と理性」第五節の要約における、「せり出し」という用語をめぐる点、第五章第4節の、「賢明な主観主義？」をめぐる点を参照）。そうした言及からも、マクダウェルがいかに多くをウィギンズから学び、いかに高くウィギンズを評価しているかがわかる。ウィギンズの倫理学論文には邦訳がある（ウィギンズ 2014）。

（4）ピッツバーグ大学のウェブサイト中、マクダウェルのページでの記述による。
(5) 徳倫理学、道徳的個別主義、道徳的実在論（＝認知主義）については索引の各項目を見よ。
(6) 'modern'を「近現代的」と訳してみた。「近代」だと現代は含まれないかのように思われかねず、「現代」では一八世紀などは含まれないものと誤解されかねない。そこで「近」と「現」を並べて、一八世紀も現代も含むことを示そうとした。
(7) MacDonald & MacDonald 2006 はその序文、特に p. ix で、多領域にわたるマクダウェルの仕事の統一性を、後期ウィトゲンシュタインの精神に則った「治療的方法」のうちに見ている。この治療がめざすのは、われわれに、「構成的哲学」の誘惑に打ち克って物事をありのままに受け入れさせることである。
(8) 邦訳はマクダウェル 2012.
(9) 『心と世界』の内容は、本書第六章で紹介する「二種類の本性主義」の内容と通じる点が多い。参考までに、『心と世界』の内容は以下のように要約されえよう。
　近現代哲学は概して以下の二つの考えを同時に抱いてきた。第一に、〔A〕ある種の思考（たとえば「これは赤い」という信念）の正誤は、経験（見るという経験）によって裁かれうる、思考はそのようにして経験的世界に関わる、という（ある意味で当然の）考え。第二に、〔B〕経験は思考を裁くことができない、なぜなら（諸理由が論理的関係によって結び付く）「理由の空間」と、（諸現象が因果法則によって結び付く）「自然の空間」は別物であり、思考を裁くものは「理由の空間」内になければならないが、経験は自然界の出来事であり、したがって「理由の空間」の外で起こるのだから、という考え。近現代哲学は、これら、緊張関係にある二つの考えのどちらも捨てきれず、不安に悩んできた。「心はそもそも世界に触れうるのか」という不安に、である。マクダウェルの狙いは、Bの考えを改めることで、A・B間の緊張を取り除き、哲学の不安を癒すことである。

　そこでマクダウェルは以下のように論じる。まず、「理由の空間」とネイチャの領域はある意味で部分的には重なる。一口にネイチャと言っても、近現代科学の研究対象としての自然だけでなく、理性的という人間の本性もある。これは乳児の動物的本性が文化的陶冶により変容して生じる「第二のネイチャ」であり、自然界に属する動物的本性に基づきつつもこれに還元されえないものだ。人間以外の動物の生が概念の使用とは無縁であるのに対して、成熟した人間の経験や思考は、「第二の本性（獲得された習慣としての理性的能力）」に従ってなされ、その限りで「理由の空間」に属する。つまりわれわれの経験は概念内容を備えている。だから思考を裁くことができる。

　そして、経験的世界は概念空間の外にあるのではない。むしろ、「理由の空間」の開けが取りも直さず世界の開けなのだ。

　こう論じて治療を試みるマクダウェルは同時に、不安の根深さを認めてもいる。

『心と世界』で取り上げられる哲学者はアリストテレス、カント、ヘーゲル、ウィトゲンシュタイン、セラーズ、ガダマー、ローティ、デイヴィドソン、エヴァンズなどである。（『心と世界』の以上の要約は荻原 2012 に基づく。）
（10）この論文集にはアリストテレス倫理学に関する三本の論文が収められている。すなわち、「アリストテレス倫理学におけるエウダイモニア主義と実在論」、「アリストテレス倫理学における思案と道徳的発達」、「アリストテレスにおける無抑制と実践的知恵」。
（11）この論文の英語原題は 'Are Moral Requirements Hypothetical Imperatives?' である。これは大庭健監訳『徳と理性』では「道徳の要請は仮言命法なのか」と訳されている。'Requirements' の訳は「要請」でも「要求」でもどちらでもよく、好みの問題だろう。『徳と理性』と本書を並べて読む方が混乱しないよう、本書第二章の題名で論文名を掲げるさいは、『徳と理性』での題名を用いることにする。
（12）この論文の原題は 'Two Sorts of Naturalism' である。これは『徳と理性』では「二種類の自然主義」（強調荻原）と訳されており、本章第六章の題名で論文名を掲げるさいはこの題名を用いることにする。だが筆者は、同章など本書の本文では論文名を「二種類の本性主義」（強調荻原）と訳す。'Naturalism' のどちらの訳を採るかは、おそらくたんなる好みの問題ではすまず、内容の理解に関わりうる。本書第六章冒頭を参照。
（13）この論文の原題は 'Non-Cognitivism and Rule-Following' である。これは『徳と理性』では「非認知主義と規則順守」と訳されている。'Rule-Following' を「規則順守」と訳すか「規則に従うこと」とするかはたんなる好みの問題だろう。
（14）邦訳はマクダウェル 1985.
（15）大庭の解説に対する筆者のコメントが本書第五章注 12、第六章注 5 にある。
（16）「倫理」と「道徳」が区別されることもあるが、マクダウェルは特に区別しない。McDowell 1998a 所収「アリストテレス倫理学におけるエウダイモニアの役割」注7を参照。

(17)「野心的な意味での実在論」は、「倫理学における投射と真理」(本書第五章で紹介する)では「だめな直観主義的実在論」として、「非認知主義と、規則に従うこと」(第七章で紹介する)では「プラトン主義」と呼ばれて登場する。

(18) 筆者がだいたいのところ採用している、英語のカタカナ音写の方針によれば「マキ」と記すべきだろうが、「マッキー」という表記が定着しているようなのでそう記すことにする。

(19)「カヴェル」と記されることが多い。英語を母語とする哲学者に伺ったところ、第一音節の発音は[kə]であり、「キャ」のように発音されることも「カ」のように発音されることもある。人がことさらにはっきりと発音しようとする場合の発音は「キャヴェル」と記すほうが近いだろう、とのことだ。曖昧母音の神秘と言っては大袈裟だろうか。

(20) マクダウェルの著書や論文の他の既刊邦訳も読みやすい。マクダウェル 1985, 2004, 2008(拙訳を挙げるのは恥ずかしいが、そもそも原文がマクダウェルのテクストとしてはかなりわかりやすい), 2010, 2012.「徳と理性」の旧拙訳については「あとがき」参照。

第一章

(1) 筆者はかつて『思想』に「徳と理性」の解説論文「われわれのしていることにめまいをおぼえてはならない」を発表した(荻原 2008)。当然のことながら本章の記述はその論文と重複する点を多く含むが、基本的に独立の文章のつもりである。たとえば、荻原 2008 では、バーバラ・ハーマンによるマクダウェルの議論の評価を紹介し、「道徳的実在論」という用語のウィギンズによる用法に注意を促し、『現代倫理学辞典』(大庭 2002)中の「道徳的実在論/道徳的非実在論」の項目の記述(神崎繁執筆)における二つの誤りを指摘しているが、それらは本章では省かれている。他方、本章ではじめて述べた点も多い。

(2)「徳と理性」は、マクダウェルの論文集である McDowell 1998a だけでなく、徳倫理学のアンソロジーである Crisp and Slote 1997 にも再録されている。後者に再録された版は初出版による。『ザ・モニスト』版と『心、価値、実在』版の間には若干の異同があるが、いずれも内容に大きく関わるものではない。マクダウェル 2016, 四二頁参照。

(3)「徳と理性」がマクダウェルの論文集『心、価値、実在』の第一グループ「ギリシャの倫理学」に収められているのはそのためである。序章の第4節、第5節を参照。

(4) ただし本章注10と、第二章注5ではマクダウェルのアリストテレス解釈に触れる。本章第4節第一段落も参照。

(5)「徳と理性」注38。

(6) 徳と行為の先行関係をカントはどう押さえているか、という目下の論点からはずれるが、「道徳的要求は仮言命法か」(第二章で紹介する) でマクダウェルは、カント倫理学の中心的論点の一つである、定言命法と仮言命法の区別を、重要な洞察を示すものと見なしている。また、「二種類の本性主義」(第六章で紹介する) では、世界の理解可能性などに関するカントの洞察を評価している (第六章第4節を参照)。

(7) たとえば Johnson 2003 (邦訳ジョンソン 2015) を参照。

(8) Murdoc 1970 (邦訳マードック 1992) (第三章 'The Sovereignty of Good over Other Concepts' は Crisp & Slote 1997; Schafer-Landau 2008 vol.I に再録されている)。Anscombe 1958 (邦訳は、近刊の大庭健編『現代倫理学基本論文集II』〔勁草書房〕に収録される。この論文は Crisp & Slote 1997 に再録されている)。B. Williams, 'Morality, the Peculiar Institution' in Williams 1985 (この論文集の邦訳はウィリアムズ 1993. この論文は Crisp & Slote 1997 に再録されている)。

(9) マクダウェルは「アリストテレスの個別主義 (Aristotle's particularism)」について、これに賛同しつつ語っている。McDowell 1988, p. 94. また、荻原 2011, 三二〜五頁、中畑 2012, 六一〜二頁、荻原 2013, 五九頁も参照。

(10) 中畑正志がその重要な論文「アリストテレスの言い分——倫理的な知のあり方をめぐって」(中畑 2011) で検討した現代の論者にマクダウェルが含まれる。そこで中畑はマクダウェルを評価しつつも、ある点で批判している。批判の少なくとも一つは、マクダウェルがアリストテレスにある種の道徳的個別主義を帰していることに向けられている。だが筆者には、中畑によるマクダウェル批判がよく理解できずにいる。一つには、中畑論文中のどの文がマクダウェル批判を意図したものなのか、よくわからない。またこれと関連して、中畑がマクダウェルを批判するさい、マクダウェルにどのような見解を帰したうえでこれを批判しているのか、よくわからずにいる。中畑のマクダウェル理解をめぐる筆者と中畑の応酬として、荻原2012, 中畑2013, 荻原2014を参照（本書「あとがき」も参照）。中畑の筆者への応答に改めて感謝する。

「アリストテレスの言い分」で、中畑はたとえば次のように論じる（中畑2011, 二四頁）。

> しかしアリストテレスの倫理学は、そのようなわれわれのmoral psychologyの現実を明らかにすることによって、それをそのまま追認するというわけではない。彼はそこから倫理的思考を展開しようとするのだ。躾けや習慣づけを通じて、さまざまな規範は、その理論的根拠を問わずとも行為者に「身についた」ものとなっている。こうした規範は、しかし、いったんは顕在化させ、（部分的にであれ）言語化し、批判的思考をくぐり抜けなければならない。倫理を、原理や規則に容易に変換できないような各人の性格から考える思考が、かえって理論的分析を、そしてそのために原理や規則への分節化や定式化を要請するのである。十全な意味で徳を備える人であるためには、性格的な徳だけではなく思慮という知性的徳が要請される理由も、この点にもとめることができる。

これがマクダウェル批判を意図したものなのか、またそうだとして、特にどの文がそうなのか、という点は措くことにする。いまは二点コメントしておきたい。

第一に、中畑のこの発言にマクダウェルがどう反応するであろうかは、アリストテレスがその必要性を認めていたと中畑が語る、規範の「顕在化」、「（部分的……〔なもの〕であれ）言語化」、「批判的思考」、「理論的分析」、「原理や規則への分節化や定式化」を中畑が具体的にどのようなものとして考えているかによるだろう。マクダウェル的立場からは、このように中畑がアリストテレスに「原理や規則への分節化や定式化」を期待するのはかの「めまい」を回避したいため（「徳と理性」第四節、本書索引の「めまい」を参照）ではないか、との疑念が、ことによると持たれるかもしれない。だがおそらく中畑は、自分がアリストテレスのうちにその可能性を認める「理論的分析」はそのようなものではない、と応えるだろうと筆者は予想する。すると、ではその「理論的分析」とは、より具体的に言えばどのようなものか、という問いが生じよう。これは必ずしも中畑に対する批判ではない。中畑の発言に賛同するめいめいが答えるべき重要な問いであろう。

第二に、アリストテレスの「思慮（フロネーシス、またはプロネーシス。「賢慮」とも訳される）」の理解はやはり中畑とマクダウェルで異なると思われる。マクダウエルは言う、「実践的知恵〔フロネーシス〕とは他ならぬ、動機にかかわる傾向性が適切なしかたで形成されている状態――ただし、反省に適合した形をとっている――なのである。実践的知恵が知性の状態であるということの意味は、それが欲求的要素の状態でもあることと齟齬をきたさないのだ」と(「アリストテレスの道徳心理学におけるいくつかの問題」第一一節末。また、「二種類の本性主義」の注33も参照)。アリストテレスの言う、人柄としての徳と、フロネーシスとを、一方のマクダウェルは、同じものの二側面として、他方の中畑は、区別される二者として捉えていると言えよう。

(11) たとえば Walsh 2009(邦訳ワルシュ 2015)を参照。

(12) この点や、徳倫理学をめぐる他の基本的な点についての展望を得るためのガイドとして、たとえば Russel 2013(邦訳ラッセル 2015)を参照。

(13) このように、マクダウェルが「徳」と呼ぶのは、高度に理想的な状態である(ただし、徳概念の彫琢にあたって、人間の現実的条件を考慮に入れる節もあるのだけれども。「徳と理性」の、注9が付された箇所、「道徳的要求は仮言命法か」第一〇節第二~三段落を参照)。この点についていくつか注記しておこう。当然のことながらマクダウェルは、われわれ人間にとって徳の獲得は実に困難なことだと見ている(「徳と理性」第七節の最後の二段落を参照)。また彼は、かつて徳に到達した人が存在したのか、といった問題は棚上げにしている。しかし、たとえ有徳な人が実在しないとしても、徳や有徳な人の概念は、われわれが程度の差はあれそれに接近しているその対象として、またわれわれが目指すべき理想としての意義を持ちえよう。なお、マクダウェルに一種の倫理的「エリート主義」を認める見方については、後の第六章注5参照。また、マクダウェルは、何をなすべきかについて、つねに一つの正解があると想定しているわけではない。彼の考えはむしろ、一つの正解がある場合、有徳な人にはそれがわかるはずだ、というものだ(「徳と理性」注5参照)。だから、たとえば、道徳上の難しいケースに対処する方途を示す役割を有徳者の概念に負わせるなどという意図は、マクダウェルには微塵もない。

(14) 「徳と理性」第二節の若干の詳細については後の第3節で論じる。

(15) この点や、第四節中の他の諸点については、後の第4節でさらに詳しく解説する。

(16) 第二章注4参照。

(17) この点についての立ち入った議論をマクダウェルは「倫理学における投射と真理」(本書第五章で紹介)、「非認知主義と、規則に従うこと」（第七章で紹介）で展開する。

（18）先の第2節における、「徳と理性」第二節の要約を参照。

（19）ウィトゲンシュタインのこの議論をめぐるマクダウエルの考察は、本書第七章で紹介する「非認知主義と、規則に従うこと」でも、やや形を変えて再利用されている。

（20）もちろん、どうしてもBさんを説得できないAさんが、もはや足し算の合理性を信じられなくなってしまう、という事態を、想像しようと思えば想像できる。だが、それはまた別の話である。マクダウェルの解するウィトゲンシュタインのこの思考実験は、ある特定の目的を持っている。それは、本節（第4節）第一段落で記した論点を明瞭化し、かつ支持する、という目的である。したがって、この思考実験につきあう者は、思考実験の個々の詳細を思い描くにあたり、当の論点の明瞭化に導くようなやり方で思い描くことが求められている。（議論の目的の遂行のために思い描かれなければならない細部をどうしても思い描けないとしたら、それは議論の失敗を意味するだろう。）

（21）Cavell 1976, p. 52. 注19で記した、マクダウェルによるテクスト再利用の結果として、キャヴェルのこの箇所は、本書第七章で紹介する「非認知主義と、規則に従うこと」でも引用されている。本書序章の第6節で筆者はキャヴェルの文章を、自意識をたぎらせた晦渋なものと特徴付けたが、不思議なことにこの引用は素直で透明な文章である。

第二章

（1）*Proceedings of the Aristotelian Society*, Supplementary Volume 52, 1987, pp. 13-29. 言うまでもなく McDowell 1998a に、また Smith 1995 にも再録されている。

（2）フットはこの論文の元となる原稿をニューヨークの The Center for Philosophical Exchange で 読 み 上 げ、*Philosophical Exchange* の一九七一年夏号に発表した。この論文そのものの刊行は *The Philosophical Review*, Vol. 81, No. 3, July 1972 においてである。一九七七年に一つの長い注（注15）が加えられた。その注も含め、同論文は Foot, *Virtues and Vices* に収録された。この論文集ははじめ Blackwell Publishers と University of California Press から一九八七年に刊行され、二〇〇二年に Oxford University Press から再刊された。二〇〇二年版への序言でフットは、「仮言命法の体系としての道徳」

で示された立場――道徳的に行為することは合理的とは限らないという立場――を自分はかなり前に捨てている（にもかかわらずそれが「フットの立場」と言われ続けている）と述べている。これに先立って、同論文がSmith 1995に再録されるさい、フットは 'Recantation 1994' と題する文章を寄せている（pp. 100–1）。書き出しにいわく、「道徳は仮言命法の体系であるという考えは、現在の私の見解からかけ離れている。だから、本論文の積極的な部分を成す考えは間違っていると私がずっと思ってきたということを説明しないことには、もう本論文を再刊したくないのだ」と。同論文はさらにSchafer-Landau 2007, 2008 vol. IV; Sterba 2009にも再録されている。記録的な再録回数を誇るこのフット論文には、倫理学論文のアンソロジーの編者に「これは収めたい」と思わせるものがあるようだ。

（3）カントの不正確な言い方とは、道徳の命法は次の意味で定言的である、とする言い方である。すなわち、仮言命法とは、ある行為を命じるにあたり、その行為が、その行為自身とは異なるある目的の達成に必要であると訴える命法である。他方、定言命法とは、ある行為を命じるにあたり、その行為自身とは異なる目的には訴えない命法である、という意味である。つまりカントは、道徳の命法は定言的であると主張することによって、道徳の命法が命じる行為は、行為自身とは異なる目的を持たない、と言っているわけだ。しかしこの主張は間違っているとマクダウェルは言う。たとえば慈善の行為は、道徳の命法が命じる行為だが、（行為自身が目的であると同時に）他人が善きものを享受することをも目的にしている。「道徳的要求は仮言命法か」第八節最終段落、第六節第三段落を参照。

（4）マクダウェルは、次のような可能性があると指摘する。すなわち、ある人が道徳的要求に応えて親切に振舞っているとき、親切さの要求というものがよくわからない私がその人のその親切な行為を、「親切な人だなあ」と思われることから得られる見返りを期待してのものと誤解する、という可能性である（「道徳的要求は仮言命法か」第六節第一段落）。ただしマクダウェルはまた次のようにも論じる。すなわち、〝一般に道徳的行為と見なされるものは、所詮、行為者の私利私欲に発するものにすぎず、ただそれを「道徳的」という立派な見かけで飾っているにすぎない〟と思う者は、道徳的とされる行為をことごとく、いま述べたような流儀で、道徳的でない動機を持ち出して説明し尽くそうとするかもしれない。しかし、道徳的とされるすべての行為について、そのような説明がうまくいくとは限らない。つまり、その者は、自分のやり方ではどうしても説明し切れない行為に遭遇するかもしれないのだ、と（同論文第六節第六段落）。

（5）「プルーデンス」は英語 'prudence' の音写である（『徳と理性』所収の邦訳では「賢明さ」と訳されている）。一つのややこしい事情にふれておこう。'prudence' はラテン語 'prudentia' に由来する。'prudentia' は、アリストテレスの「フロネーシス」（ギリシャ語）の、ラテン語の定訳である。そしてマクダウェルはアリストテレスのフロネーシス概念について主題的に論じている。だが、「道徳的要求は仮言命法か」で論じられるプルーデンスは、マクダウェルの理解する、アリストテレスの言うフロネーシスとはまったく異なる。

　マクダウェルによれば、アリストテレスは次の二つを区別している。すなわち第一に、「よくなすこと（エウダイモニア）」ではないある目的を人が目指しているとき、その目的を生み出すための手段を見出そうとすること（ここでその人の倫理的性格は顕わにならない）。第二に、いまここで「よくなすこと（エウダイモニア）」を人が目指しているとき、それが具体的に何に存するのかを見出そうとすること（ここでその人の倫理的性格が顕わになる）。（「アリストテレス倫理学におけるエウダイモニアの役割」第四節、「アリストテレスの道徳心理学におけるいくつかの問題」第三節参照。両論文は McDowell 1998a に収められている。）第一の意味で、利益を得たり、損害を避けたりという目的を実現するための手段を見出そうとする推論をマクダウェルは「プルーデンスの」推論と呼ぶ（「アリストテレス倫理学におけるエウダイモニアの役割」第一三節冒頭）。後者の意味で、いまここでなすべきことを見て取る能力が、アリストテレスの言うフロネーシスであるとマクダウェルは解する。

（6）少なくとも道徳的要求の場合は、Aさんがその欲求を持っていると気付くことが、Aさんによる状況の捉え方を理解するようになることにほかならない、というのがマクダウェルの主な主張点であった

第三章

（1）Harrison 1980.

（2）Williams 1981.

（3）Schafer-Landau 2008 vol IV にも再録されている。

（4）Altham & Harrison 1994.

（5）「外在的理由はありうるか」は言うまでもなく Mc-Dowell 1998a に再録されている。その論文の冒頭でマ

クダウェルは、ウィリアムズの「内在的理由と外在的理由」を「興味深いが、充分論じられてはいない論文」と呼んでいる。

(6) 本章で話題になっている、行為の理由についての内在主義・外在主義と、行為の動機づけについての内在主義・外在主義を混同しないように注意されたい。

(7) ウィリアムズは、すべての動機が利己的なものであるとは考えない。

(8) ウィリアムズは、ある人が持つこうした動機の集合を「主観的動機群」と呼ぶ。

(9) 簡略のため、以下ではいちいち両ヴァージョンを記すことはしないことにする。

(10) この点についてはマクダウェル「徳と理性」注14参照。

(11) 「思案する」の英語原語は‘deliberate’である（名詞「思案」は‘deliberation’）。ウィリアムズの内在主義を論じるいまの文脈では、その語を「熟慮（する）」と訳してもよい。だが、それ以外の文脈でその英語を「熟慮（する）」と訳してよいかどうかについては熟慮が必要である。「熟慮」という日本語には、考慮過程のうち、とくにじっくりとなされるもの、というニュアンスがあるように思われるが、議論の文脈によっては、deliberation は、〝じっくりと営まれる考慮過程〟とは呼び難い場合を含むような意味で語られるからだ。‘deliberate’, ‘deliberation’は、アリストテレスの言う「ブーレウエスタイ」（動詞）、「ブーレウシス、ブーレー」（名詞、古代ギリシャ語）（『ニコマコス倫理学』第三巻第三章参照）の英語での定訳だが、アリストテレスのその概念の理解によっては、〝じっくりと営まれる考慮過程〟とは呼び難い場合が含まれることになる。マクダウェル「アリストテレス倫理学における思案と道徳的発達」（McDowell 2009a, pp. 41–58）を参照。

(12) 実際にはウィリアムズは、自らの取る内在主義を規定するさいに、（本章冒頭に掲げた）「Aさんには、かくかくのことをする理由がある」とか「Aさんがかくかくのことをする理由が、存在する」といった型の文について次のように述べる。ウィリアムズはまず、そうした文の二つの解釈を区別する。第一の解釈とは、もしAさんが、かくかくの行為をすることによってその充足が実現または促進されるような動機をいささかも持っていないならば、そうした文は偽になる、という解釈である。これは内在的解釈と呼ばれる。第二の解釈とは、たとえAさんが、かくかくの行為をすることによってその充足が実現または促進されるような動機をいささかも持っていないとしても、だからといってそうした文が偽になるわけではない、という解釈である。これは外在的解釈と呼ばれる。ウィリアムズは、自らの取る内在主義の主張を、次のように言い表す。すなわち、右記の型の文は、外在的に解釈された場合、つねに偽である、と。

内在主義の主張を、文の真偽へのそのような言及を省いた、もう少しすっきりしたやり方で言い表せるのではないか、と思われるかもしれない。たとえば、「右記の型の文を外在的に解釈してはならない」というように。だが、ある文について「これはこのように解釈してはならない」と言うと、内在主義うんぬんの問題ではなく、日本語（あるいは英語）の問題と受け取られかねない（たとえば、この代名詞は複数形だから、その単数形の名詞を受けるものと解釈してはならない、というように）。ウィリアムズの一見まわりくどい定式は、そのような誤解を避けるという利点を持つ。

(13) マクダウェル「道徳的要求は仮言命法か」第六節の最後から三つ目の段落でジャズが言及されている。

(14) 反道徳主義を取ることは不合理ではないという点をマクダウェルは、前章で見た「道徳的要求は仮言命法か」でも論じていた。

(15) もちろんマクダウェルは、人のものの見方が変わるさい、見えなかったものが見えるようになる場合だけでなく、見えていたものが見えなくなる場合もありうることを否定しないだろう。だがマクダウェルの当面の目的にとっては、前者の場合がありうると言えればよい。

第四章

(1) Honderich 1985.

(2) この論文はマクダウェル 1998a だけでなく、Fisher and Kirchin 2006; Schafer-Landau 2008 vol. II にも再録されている。

(3) 本論文の注1でマクダウェルは、本論文の初出の情報を与えた後で言う。「悲しくも喪われてしまった同僚を追悼するのに私が彼にたゆまず反論し続けることを、マッキーは変だとは見なさないものと信じる」と。

(4) 'Aesthetic Value, Objectivity, and the Fabric of the World', originally published in Shaper, E., *Pleasure, Preference, and Value*, Cambridge University Press, 1983.

(5) ここでマクダウェルは Thomas Nagel, 'Subjective and Objective' in Nagel 1979（「主観的と客観的」、ネーゲル 1998 所収）を参照する。

(6) マクダウェルとブラックバーンの応酬の書誌情報等については本書第五章冒頭を参照。

第五章

（1）もとは一九八七年、カンザス大学のLindley Lectureとして読まれ、カンザス大学哲学科のパンフレットとして刊行された。この論文は、McDowell 1998a だけでなく、Fisher and Kirchin 2006 にも再録されている。

（2）Holtzman & Leich 1981.

（3）「規則に従うことと、道徳的実在論」の邦訳がブラックバーン 2017 に収められている。

（4）両論文は Fisher and Kirchin 2006 にも再録されている。

（5）ブラックバーンへの応答を主題とする二本の論文がマクダウェル『心、価値、実在』に収められており、そのうち、時期的には先に発表された「非認知主義と、規則に従うこと」のほうが、後に発表された「倫理学における投射と真理」よりも、『心、価値、実在』の中で後に置かれている。だが、そこに別段深い意味はないだろう。「非認知主義と、規則に従うこと」がその位置に来ているのは、その論文のタイトルが「規則に従うこと」という語を含んでいるからであろう。おそらくマクダウェルは、第二グループ（「理性、価値、実在」）の最後の論文を「非認知主義と、規則に従うこと」とし、第三グループ（「ウィトゲンシュタインにおける諸問題」）の最初を「規則に従うことについてのウィトゲンシュタインの議論」として、〈規則に従うこと〉のテーマで繋げることによって、第二グループから第三グループへの移行をスムーズにしようとした。それだけのことであろう。

（6）書名 '*Spreading the Word*' を大庭健がブラックバーン 2017 所収の「監訳者あとがき」で '*Spreading Words*' と記しているのはちょっと楽しい誤記である（下線引用者）。それを大庭は『言葉を塗りつける』と訳している。本当の書名に用いられているその語句は、皆に知らせる、という意味の熟語だが、この書名には「言葉（で表される「性質」）の塗りつけ」という投射説の意味合いも確かにこめられているように思う。

（7）書名 *Ruling Passions* の穏当な訳は『情念を支配する』であろう（'Ruling' は動名詞で、'Passions' はこの他動詞の直接目的語と解する）。だが、『支配する情念』と訳せないこともない（'Ruling' は現在分詞形容詞で 'Passions' を限定修飾していると解する）。二義性で遊んでいるのかもしれない。

（8）その章の訳がブラックバーン 2017 に収められている。

（9）マクダウェル 2016 で「倫理学における投射と真理」の翻訳を担当したのは筆者だが、本章で「作業の労をとって獲得する」と訳している語（‘earn’）は、その論文集では、さる事情により「手順を踏んで獲得する」と訳された。だが、もし「手順を踏む」という語句が、しかるべき手順があるという含意を持つのなら、「手順を踏んで獲得する」という訳は好ましくないだろう。たしかに、ブラックバーン自身が行なうべきだと考え、実際に行なっている作業には、しかるべき手順と呼びうるものがある。この手順と呼びうるものは、二つのレベルで指摘できる。一方で、説明理論の大枠としては、まず価値概念の投射説を掲げ、次に、価値について真理概念を用いる権利を、〈態度〉や〈批判〉といった概念による説明を通じて獲得していき、最後に、当該の態度や批判を人間の協働生活全体の中に位置付ける、という手順がある。他方で、この説明理論の枠内でなすべきよりテクニカルな説明作業についても、まず、価値判断の単純な文の真偽について説明し、それから、説明のより難しい場合——価値判断の文と事実判断の文との連言文や、価値判断に関わる条件文や、反事実的条件文——を説明していく、という手順がある。しかし、真理概念を用いる権利をearnしなければならない、というブラックバーンの論点は、ブラックバーンを批判するマクダウェルもこれを受け入れるのであり、したがって、論争する両論者の同意事項を成す。さて、マクダウェルが、真理概念を用いる権利を獲得するための作業として考えているのはむしろ、第4節で述べるように、われわれが実際に道徳判断を行なうさいに用いているまさにその概念や、物事の捉え方を用いながら、次のことどもをわれわれ自身に対して明確にしていく、という作業である。すなわち、道徳的言明のうちどれが正しいのか、また、どうして正しいのかを。また、当該の諸概念がどう関連しあっているのかを、である。この作業の遂行にあたって、〝このステップの次にはこのステップ〟というように、踏むべき手順が決まっているとは言い難い。

(10) マキンタイヤはMacIntyre 1981で、現代という時代は、いかなる道徳的言明についても、これら二つのうち後者の状態にある（言明を受け入れさせるための合理的な方法など存在しない）、と主張しているが、それが正しいかどうかには本論文（「倫理学における投射と真理」）では立ち入らない、とマクダウェルは述べている。

(11) この点は「非認知主義と、規則に従うこと」第三節でも論じられている。

(12) マクダウェルが取るこの、対象の特徴と主観の反応との間での「先行項不在説（no-priority view）」を大庭健は、マクダウェル『徳と理性』所収の解説「マクダウェル倫理学の文脈と射程」で次のように説明している（マクダウェル2016, 二九二頁）。すなわち、対象の特徴と主観の反応は「いずれの側も説明上の先行性をもちえず、むしろ相互促進的・双生的な関係にある」。「すなわち、(i)対象の道徳的特徴に気付くから反応が生じるという動きと、(ii)反応が生じるから対象の特徴が際立ってくるという、ヴェクトルを異にする動き（一五一頁〔引用者注：「倫理学における投射と真理」第四節の最後から五つ目の段落〕以下）が、「連動する複合体」（一六一頁〔引用者注：「倫理学における投射と真理」最終段落〕）を形作っている、というのである」、と。だが「先行説不在説」の筆者による理解は、大庭によるこの理解とやや異なる。

まず、大庭のその説明に筆者が同意する点を二項目にまとめる。

第一項目として、「先行項不在説」を次のような説と押さえる点で、筆者は大庭に同意する。すなわち、対象の特徴と主観の反応との「いずれの側も説明上の先行性をもちえず、むしろ……双生的な関係にある」、言い換えれば、「「連動する複合体」を形作っている」、という説と押さえる点においてである。

筆者が大庭に同意する第二項目は、次の点である。すなわち、「倫理学における投射と真理」第四節の最後から四つ目の段落以下でマクダウェルは、先行項不在説を説明するなかで、ヴェクトルを異にする二つの動き——大まかに言えば、対象の側から主観の側への動きと、主観の側から対象の側への動き——を「相互促進的」と特徴付けているという点である。

だが筆者のマクダウェル理解は、大庭の右記の理解と、次の二点（A、B）で異なる。

A.「倫理学における投射と真理」第四節、最後から四つ目の段落のなかほどで、まずはおかしさの場合に即して、相互促進的なものとして述べられている二つの動きを大庭は「(i)対象の……特徴に気付くから反応が生じるという動きと、(ii)反応が生じるから対象の特徴が際立ってくるという、ヴェクトルを異にする動き」と解する。だが筆者はそう解さない。

そもそも、いま引用した大庭の文言を筆者は理解できない。「(i)」と「(ii)」それぞれについて見ていこう。

「(i)対象の……特徴に気付くから反応が生じるという動き」とは何か。(甲)人が対象の特徴に気付くことと、(乙)人がこの特徴に反応すること（＝その反応が生じること）との二者は、〝(甲)が起こるから(乙)が起こるという動き〟という言い方で結びつけられるようなものではないと思われる。一般に、〝Aが起こるからBが起こるという動き〟という言い方は、Aが原因となってBという結果を引き起こす場合にふさわしいだろう。だが(甲)と(乙)の関係は、二つの出来事の間の因果関係ではなく、前者が後者をまさに内含するという関係なのである。

「(ii)反応が生じるから対象の特徴が際立ってくるという……動き」という表現は二義的だと思われ、注意を要する。この表現は一方で、(ii)a「対象の特徴への反応が生じてくる」(=人がその特徴に反応するようになってくる)ことと、「対象の特徴が人に対して際立ってくる」(気付かれるようになってくる)こととの間の相関を語ったものかもしれないし、また、(ii)b「人に対象の特徴への反応が生じる、ということを繰り返していくうちに、それによって、その特徴が人に対してだんだん際立ってくる」という意味かもしれない。(ii)aの場合、「対象の特徴への反応が生じてくる」ことと、「対象の特徴が人に対して際立ってくること」との二者は、〝前者が起こるから後者が起こるという動き〟という言い方で結びつけられるようなもの(原因と結果のような)ではない。むしろ、同じ事態の二通りの捉え方というほうが近いだろう。他方、(ii)bの場合、語られているのは、〝対象のある特徴に気付くことを繰り返していくうちに、その特徴にいっそう気付きうるようになる〟という過程であろう。たしかにこれについては〝前者が起こるから後者が起こるという動き〟について語るのは自然であろう。しかし大庭はこの動きを、(i)の「動き」とは「ヴェクトルを異にする動き」として、つまり対をなすものとして語っている。しかし(i)は(それを言い表す語句をどう解するにせよ)、(ii)bの動きと対をなすものではありえない。

マクダウェルが「倫理学における投射と真理」第四節、最後から四つ目の段落のなかほどで「相互促進的」であるとしているのはむしろ、「おかしさ」について言えば、以下の二者なのだと筆者は解する。すなわち、(i)'おかしいとはいかなることかについてのある一般的な把握(単数形)を得たり、洗練させたりすることと、(ii)'個々さまざまなユーモア・センス(複数形)を得たり、洗練させたりすることと、の二者なのだと。(混乱を避けるために注記する。マクダウェルによれば、おかしいとはいかなることかを一般的な言明の形で言い尽くすことはできないが、おかしいとはいかなることかについてのある一般的な把握を得たり、洗練させたりすることはできる。)(i)'と(ii)'の相互促進が、対象の側と主観の側との間のものと言いうるのは、「おかしいとはいかなることかについての一般的な把握」はどちらかと言えば対象の側の話であり、「個々のユーモア・センス」はどちらかと言えば主観の側の話だと言いうるからであろう。

B．筆者が大庭と理解を異にするもう一つの点は、第一の点（A）とも関連する次の点である。大庭は次のように解する。すなわち、当該箇所で述べられる逆向きの二つのヴェクトル——大庭の理解では(i)・(ii)の二つのヴェクトル、筆者の理解では(i)'・(ii)'の二つのヴェクトル——の間に相互促進的な関係がある、と考えることは、マクダウェルの取る「先行項不在説」のずばり、定義的内容の一部をなす、と大庭は解する。だが筆者はそう解さない。むしろ、先行項不在説を取ることによって、それら二つのヴェクトル間の相互促進的な関係を理解できるようにもなる、という、より緩い繋がりを筆者は見る。（『倫理学における投射と真理』第四節、最後から四つ目の段落の冒頭で、「ここで、先行性はないという見解が興味深いのは、それにより次の可能性が開かれるからである（強調引用者）」と言われている。）

マクダウェルの言う「先行項不在説」それ自体の内容はむしろ、ひとえに次のことに尽きる、と筆者は解する。すなわち、一方で、主観の反応の相手は、対象の実在的特徴であり、かつまた他方で、対象の特徴は、主観の反応と独立に成立しているわけではない、ということである。

要するに、「先行項不在説」を説明して大庭は、対象の特徴と主観の反応との「相互促進的・双生的な関係」について語っているが、「双生的」の方だけで十分であり、「相互促進的」は余計だと筆者には思われるのだ。

(13) Cf. David Wiggins, 'A Sensible Subjectivism?' in Wiggins 2002（邦訳「賢明な主観主義？」がウィギンス 2014 に収められている）.

(14)「道徳的要求は仮言命法か」第八節第一段落の丸括弧内も参照（マクダウェル 2016, 六三頁）。

第六章

(1) 本章の内容は、科学研究費助成事業基盤研究Ｂ「哲学的思考の特質と哲学教育のあり方」（研究代表、大庭健）の研究集会（二〇一一年三月二日、東北大学）での発表をもとにしている。

(2) Hursthouse et al. 1996, pp. 149–79.

(3) 言うまでもなく McDowell 1998a に再録されている。

(4) ここでは 'modern' を「近現代」ではなくたんに「近代」と記す。序章注6参照。

(5) マクダウェルのこのような言い方のうちにエリート

主義の匂いを嗅ぎ取る人がいる（後に名指す）。マクダウェルがはたしてエリート主義的かどうかは、その語で何を意味するかによる。道徳的にひどい環境に育ったために、してはいけないことがはなからわからない人に対して、あることが道徳的にいけないのだということを議論によって説得することは、場合によっては不可能である、と見なすことが「エリート主義的」なのなら、マクダウェルはたしかにエリート主義的であろう。だが、その語をその意味で用いるのは、筆者には自然とは思われない。

他方、ある社会において、倫理的な問題については少数のエリート（有徳者）が残りの成員を指導すべきである、という主張を「エリート主義」と呼ぶのならば、これはその語の自然な使い方だと思うが、マクダウェルの立場はエリート主義ではまったくない。

たしかにマクダウェルは、達成困難な理想としての徳・有徳者について語る。だがこれは、道徳心理学的説明のために理論上措定しているにすぎない。いかなる意味においても、有徳者の集団とか、有徳者の責任や特権について語る意図はマクダウェルにはまったくない。ちなみにマクダウェルは、徳以外の状態をたんに否定的に見なすのではなく、むしろ、〈徳そのものにはいたっていないものの、これにさまざまな程度で接近している状態〉についても語っている。さらについでに言えば、たしかにマクダウェルの立場からすれば、人が道徳上の問題についてどうすればよいかわからず、困ったときには、有徳者に訊けばよい、ということになりうる。しかし、具体的にだれが徳を持っているのかを知るのは容易ではなかろう（そもそも、われわれの社会の中に一人でも有徳な人がいるとマクダウェルが考えているのかどうかさえわからない）。

エリート主義の問題と完全には重ならないかもしれないが、マクダウェルの立場に〝わからない奴は切り捨てる〟といった冷たさを感じる人がいるかもしれない。だがマクダウェルは、道徳観念が欠如している者は救いようがないから放っておけ、などと説いているわけではない。道徳観念が決定的に欠如している人にこれを学んでもらうには、合理的説得だけでは不十分だ、と主張しているにすぎない。

さて、「二種類の本性主義」でマクダウェルは、適切な倫理的養育・教育を受けた人を‘decent’な人として語っている（第二節第三段落冒頭）。この言い方にエリート主義の匂いがする、という発言に接したことがある（注1で言及した研究会で大庭健氏がそう述べられ、これに野家啓一氏が、「いまの話を聞く限りでは」という留保つきで同調された)。英和辞典が与える、その形容詞の訳語に「上品な」などが含まれているからだろうか。だが、筆者ならその箇所のその語は「まともな」などと訳す。マクダウェルはその「decent な人」という語句に、括弧入れして「われわれのような (like us)」という説明を付している(この箇所はマクダウェル 2016, 一六九頁で、「まっとうな人々は(われわれと同じように)」〔強調引用者〕と訳されているが、強調部分は誤訳だと筆者は思う)。このように、「二種類の本性主義」のその文脈で、適切な倫理的養育・教育を受けているかいないかの区別は、(「徳と理性」第三節でのように)徳を持っているか、そこにまでは達していないかの区別ではない。むしろ、カッリクレス流の反道徳主義を地で行くアウトローや、発見されたばかりの野生児などであるかないかの区別である。この基準からして、「われわれのような」社会の多くの人は「まともな人」に分類される。だから、マクダウェルが「decent な人」について語っていることは、マクダウェルがエリート主義的であることの証拠にはそもそもなりえない。

さて大庭健は、マクダウェルの認知主義がエリート主義に陥ってしまわないかとの危惧を表明している。大庭の二つのテクストを引用しよう。「……「第二の自然」は「適正なしつけ」をつうじて習得され陶冶されるという主張が、どのようにして道徳的エリーティズム・達人倫理への閉塞を促さずにすむのかという問題は、また別個の、しかしかなり厄介な論点であろう」(マクダウェル 2016,「解説」三〇一頁)。「徳とは、状況のあるアスペクトを突出したものとして見る知覚能力である、とする彼の議論には、たしかにヴェーバーのいう「達人(Virtuose) 倫理」に通じうるエリート主義も匂っている」(『思想』二〇〇八年第七号「思想の言葉」)。だが筆者には大庭のこの危惧が理解できない。

たしかに大庭は、マクダウェルがエリート主義に陥っていると断言はせず、むしろ「どのようにして……への閉塞を促さずにすむのかという問題は……かなり厄介な論点であろう」、「……も匂っている」という慎重な言い方をしている。だがそもそもマクダウェルの主張が「道徳的エリーティズム・達人倫理への閉塞」をいささかでも「促」しかねないのか。マクダウェルの議論にエリート主義がそもそも「匂っている」のか。

そんなことはないと筆者は思う。いままで見てきたように、マクダウェルの主張は、大庭が念頭においているはずの、語の自然な意味でのエリート主義とは、内容上まったく無縁だし、エリート主義と受け取られかねないような誤解の種をマクダウェルは適宜、断り書きによって取り除いてきているからだ。

ひょっとすると大庭は、マクダウェルの議論自体の含意よりむしろ、マクダウェルの言説がきわめて不注意な読者に引き起こしかねない誤解を問題にしているのかもしれない。だがもしそうだとすれば、マクダウェルの立場がよからぬものを促しかねないであろう、とか、マクダウェルの議論にエリート主義が匂っている、という非難は酷ではないかと思われる。

筆者が大庭の危惧を理解できないのは、一つには、マクダウェルが語の自然な意味でのエリート主義とは無縁であるということを説明するために筆者がここに記してきたことなど、大庭なら重々承知しているはずだからである。

これは憶測にすぎないが、ひょっとすると大庭は、少なくとも一つには、マクダウェルのような洗練された専門的議論が一般の人びとを置き去りにしてなされていることに危惧ないし苛立ちをおぼえているのかもしれない。たしかに、そうした危惧や苛立ちは理解できる。だが、専門的な哲学議論と、社会に暮らすたくさんの人びととのあいだの乖離は、マクダウェルの認知主義的議論だけでなく、たとえばブラックバーンの非認知主義的議論についてもほぼ同程度に指摘できると思われる。だが、大庭が語っているのはあくまでマクダウェルの問題なのだ。

してみると大庭はマクダウェルに対し「なんとなく、クリティカル」なのかもしれない。

大庭からの右の引用で、「道徳的エリーティズム・達人倫理への閉塞」（強調引用者）という表現が用いられていたことにちなみ、念のため記しておく。マクダウェルは、「俺／あたしは有徳だから、何が正しいかはちゃんとわかっている」と勝手に自己完結的に居直ってはいけない、と力説している（「徳と理性」第七節第三段落）。こうした居直りを裁きうる、誰もが容易に用いられる方法などありえないが、いずれにせよそうした居直りはだめであり、人は自己吟味を怠ってはならない、とマクダウェルは言うのだ。

（6）アリストテレスをこのように解釈する傾向に抵抗することが、マクダウェルの論文集『心、価値、実在』の第一グループに収められた諸論文の課題である。先の序章の第5節を参照。

（7）これに続けて、「二種類の本性主義」第一節末でマクダウェルは、「この点を説明しようとする試みが友情と称賛の適切なしるしとなることを願う」（邦訳一六七頁）と記している。

（8）マクダウェルはここでRorty 1979を参照する。

第七章

（1）「第二性質経験」（「第二性質の経験」ではなく）、「色経験」（「色の経験」ではなく）という表現の意味合いについては、先の第四章第3節第二サブセクション参照。

（2）ブラックバーン2017の大庭健による解説、三四六頁参照。

（3）青山2012, 二一五頁参照。

（4）スーパーヴィーニエンスは通常、二種類の（語や概念ではなく）性質の間の関係として規定される。だが、いまの文脈では、スーパーヴィーニエンスするものを性質として語るのは不適切なので、マクダウェルは性質の代わりに語ないし概念に言及しているのだ。なぜ不適切なのかは次注で説明する。

（5）もしスーパーヴィーニエンスが、二種類の（語や概念ではなく）性質の間の関係として規定されていたのだとしたら（前注参照）、非認知主義者は、〈価値的なるものが価値的でないものにスーパーヴィーンする〉と言えなくなってしまう。なぜなら、スーパーヴィーンのその規定の下では、〈価値的なものの、価値的でないものへのスーパーヴィーニエンス〉とは、〈価値的性質の、非価値的性質へのスーパーヴィーニエンス〉を意味したであろうが、非認知主義とはまさに価値的性質なるものの存在を否定する立場だからである。（もっとも、もし「性質」という語を、一方の、実在的性質と、他方の、投射の結果、実在的性質であるように思われるものとの両方を含むような意味で用いるのならば、非認知主義者も、価値的性質を存在するものとして語ってよいことになり、したがって、〈価値的性質の、非価値的性質へのスーパーヴィーニエンス〉について語ってよいことになるだろうけれども。）

（6）ただしマクダウェルは、問題含みの「プラトン主義」と、プラトン自身のイデア論を区別している。マクダウェルがプラトンのイデア論をどう解しているかについては次段落で触れる。

　神崎繁は、マクダウェルはプラトンのイデア論を批判している、という趣旨のことを言う（マクダウェル2012, 解説）。〝この実践領域ではこう振舞うのが合理的だ〟という理解に則って振舞う人は、定式化可能な一般原則に導かれているはずだ、という考えをマクダウェルはたしかに批判している（成文化不可能性を主張している）が、神崎はその考えにプラトンのイデア論が含まれると見るのだ（『心と世界』三七〇頁）。だが実際にはマクダウェルは、成文化が可能だ、あるいは、可能であるはずだ、と考える者のうちにプラトンを含めていない。その考えは、実践の合理性はその外側から正当化できなければならない、という、近現代哲学に固有の思い込みの一つの顕われなのであって、プラトンとは関係がない。むしろ、同じ倫理学の文脈でマクダウェルはプラトンのイデア論を、自らも採る認知主義の一表現として好意的に言及しているのだ（「徳と理性」第七章）。（本段落の記述は、荻原 2012 に基づく。）

なお「非認知主義と、規則に従うこと」第四節においてマクダウェルは、論理的な「ねばならない」の類例を用いる。論理的な「ねばならない」のプラトン主義的理解と心理主義的理解の両極端の中間に正しい理解がある。倫理的価値についても類似のことがいえる、と言うのだ。

（7）第二の前提を退けることは、たんに非認知主義の批判に役立つだけではない。さらにまた、第二の前提に依拠して第一の前提を退けようとする議論（フットのような）を無効なものとして示す機能をも果たす、とマクダウェルは言う。「非認知主義と、規則に従うこと」第四節第三段落末の括弧内参照。

補論

（1）本章の内容は、哲学会第五五回研究発表大会（二〇一六年一〇月二九日、東京大学本郷キャンパス）での発表に基づく。

（2）Blackburn 1998. タイトルとその邦訳については第五章注7参照。

（3）邦訳がブラックバーン 2017 に収められている。

（4）Blackburn 1998, pp. 92-104（ブラックバーン 2017, 二六六～八八頁）。マクダウェル「非認知主義と、規則に従うこと」第二節第三段落、「倫理学における投射と真理」第四節（本書第五章第4節）参照。

（5）Blackburn, 1998, pp. 94f. 同じ例は、ブラックバーンの北海道大学講演 Blackburn 2012（邦訳、ブラックバーン 2014, 一九～二八頁）でも取り上げられている。

（6）下向き矢印は、語末で音程を下げる感じであろう。

（7）マクダウェルは fat↓ness を価値的性質と認めるか、という問題とは別に、‘He is fat↓’ という発話においてなされる評価をマクダウェルは道徳的評価を見なすか、という問題がある。この問題は、‘fat↓’ にこめられるような、肥満体への嫌悪感をマクダウェルは道徳的感情と見なすのか、という問題としても言い換えられよう。ブラックバーンはこの点をオープンにしている。Cf.

Blackburn, 1998, pp. 95f.（邦訳二七二頁以降。）マクダウェルは「倫理学における投射と真理」で、「ディスガストやむかつき（nausea）」を「ディスガスト誘発性やむかつき誘発性といった、投射された性質に訴えることなしに概念化されうる、自足した心理的アイテム」として扱いうることを「ありそうなこと」として語っている。だがブラックバーンはその扱いを疑問視する。

（8）本補論の注5で言及したブラックバーン教授の北大講演に対し、筆者が特定質問者としてした質問。機会を与えて下さった主催の応用倫理研究教育センターに感謝する。

（9）マクダウェルの用語（「徳と理性」第三節、本書第一章第2節中の、「徳と理性」第五節の解説部分参照）。そのアーティストを軽蔑せよとの促しは、他の場合にならば彼への軽蔑の念を引き起こすが、この場合、畏敬の念によって「黙らされ」、その結果、軽蔑の念は起らない。注12の「打ち負かされる」と比較せよ。

（10）応用倫理研究教育センターの眞嶋俊造氏を通じて、電子メールを拝受した（眞嶋氏に感謝する）。応答下さり、かつ、それをここで公刊することをお認め下さったブラックバーン教授に厚く感謝する。

（11）「倫理学における投射と真理」第四節でマクダウェルは、この点についてブラックバーンは「驚くほど気楽に済ませている」と言う（本書第五章第4節も参照）。

（12）やはりマクダウェルの用語。軽蔑の念により人は、〈軽蔑を表したいという誘惑〉をある程度感じているが、この誘惑は畏敬の念によって「打ち負かされ」、最終的に軽蔑を実際に表すには至らない。これに対し、「黙らされる」場合は、〈軽蔑を表したいという思い〉がそもそも生じない。'overcome' のほか、'outweigh'（重さでまさる）、'override'（しのぐ）も用いられる。本書索引「黙らせる」参照。

（13）研究社『新英和大辞典』第六版（二〇〇二年）の同義語コラム（SYN）「頑固な」において、'stubborn' は「《通例軽蔑》性格的に我が強くて自分の主張や態度を変えたがらない」と、また 'pig-headed' は「《軽蔑》ばかばかしいほど強情で人の言うことを聞かない」と説明されている。

あとがき

ジョン・マクダウェルの名前に初めて接したのは、筆者の大学学部時代、プラトン『テアイテトス』篇の注釈者としてであった。

マクダウェルを絶対に読まなければならない、と思ったのは、大学院生時代、畏敬するプラトン研究者にして哲学者の松永雄二先生が、ぼくはマクダウェルが好きなんだ、と言われたときのことだ（マクダウェルについての松永の発言については「おわりに」を参照）。

二〇〇〇年春学期、留学先の米国ペンシルヴァニア大学大学院哲学科で、スーザン・ソヴェ・マイヤ先生（古代哲学）とラウル・クマ先生（現代倫理学）による徳倫理学の演習に参加した。初回に筆者は、徳倫理学の格別重要な論文というものがあれば教えて下さい、と言った。マイヤ先生は、それは古代のものか現代のものか、と訊かれ、現代のものです、と答えると、マイヤ先生が薦めて下さったのが、マクダウェルの「徳と理性」だった。古代なら『ニコマコス倫理学』よ、と付け加えられた。（別の機会にクマ先生は、マードックの『善の至高性』を現代徳倫理学のとくに優れた論考と見ていると言われた。）

そこで筆者は「徳と理性」を丁寧に読むことにした。完全にはわからないながらも、これは確かにすごい、と思った。特に面白いと思ったのは、第四節の「めまい」をめぐる論点である。それについて徳倫理学の演習中に発言すると、マイヤ先生もクマ先生も「ああ、それはキャヴェルだから」という調子で相手にして下さらず、拍子抜けした。

二〇〇五年春、東京大学駒場キャンパスでマクダウェル先生の連続講義に参加した。テーマは行為の意図。その折先生に、「徳と理性」を筆者が日本語に訳して公刊してよいか伺ったところ、著者としての御快諾を下さり、版権者から許可を取るようご指示下さった。翌日、ジョン先生とパートナのアンドレアさんを鎌倉の石黒ひで先生のお宅にお連れしたのは楽しい思い出である。

「徳と理性」拙訳は岩波書店『思想』誌に掲載して頂くことになった。

これを機に、当時同誌編集長の互盛央氏（現在、講談社学芸部）が、「徳と理性」を掲載する号のためにマクダウェル小特集を企画された。大庭健先生、門脇俊介氏が執筆された。神崎繁氏もアイディアを出されたかもしれない。ヒューバート・ドレイファスの「心的作用の神話の克服」という、マクダウェルを批判した論文をその小特集に掲載することを門脇氏が提案された（邦訳は蟹池陽一氏が担当された）。その計画についてマクダウェル先生にお知らせすると、「その論文に対して私が応答し、以来バートと私の間でやりとりが続いているのを知っていますか」と教えて下さった。

そこで互氏と相談し、マクダウェルからドレイファスへの応答第一弾である「何の神話が問題なのか」の訳も『思想』同号に載せることになった。訳は筆者が担当することになった。訳者解題で、ドレイファスとマクダウェルのさらなる応酬を要約することにした。さらに互氏の勧めで、「徳と理性」の解説論文を書かせて頂くことになった。

そうしたややごたごたした経緯をマクダウェル先生にお知らせしたところ、'Thank you for this' といったお返事を頂き、つい笑ってしまった（すみません）。翻訳をしながら、マクダウェルの文章はおそろしく簡潔で、指示語が何を指すのかわかりにくいことがある、と思っていた矢先だったからだ。

『思想』二〇〇八年七月号掲載のその拙稿をご覧になった勁草書房の編集者土井美智子氏は筆者に著書執筆の打診をして下さり、有難くお引き受けした。こうして書かれたのが本書である。それにしても、何年もお待たせしてしまった。

大庭健先生を代表者とする科学研究費補助金による研究「哲学的思考の特質と哲学教育のあり方」の

研究集会（二〇一一年三月二日、東北大学）で、マクダウェルの「二種類の本性主義」について発表する機会を頂いた（この発表を改訂したのが本書第六章である）。

二〇〇九年の日本倫理学会大会中の主題別討議「アリストテレス倫理学に望みはあるか」で中畑正志氏は「アリストテレスの言い分——倫理的な知のあり方をめぐって」という提題発表を行ない、一つにはマクダウェルの批判を展開された。この改訂増補版が『メトドス』（古代哲学会編）の二〇一〇年刊の号に発表された。そこで示された中畑氏のマクダウェル理解などをめぐり、二〇一一〜三年、同誌上で氏とやりとりを交わした（同誌各号の刊行後には恒例の、掲載論文を論じる談話会が開催された）。そのやりとりについては本書第一章の注10で触れた。二〇一一年刊の号に掲載された拙稿の題ははじめ「中畑はマクダウェルと連帯せよ」であったが、編集部からご注意を受け「中畑のマクダウェル理解」に改めた。『メトドス』は本来アリストテレス解釈を戦わせる場ではあっても、現代の論者のアリストテレス解釈をいかに理解すべきかを論争する場ではない。特に二〇一三年の拙稿はいきがかり上、やや無理をお願いして掲載して頂いた（編集部にお詫びと感謝を申し上げる）。同号刊行後の談話会で中畑氏から、筆者自身のアリストテレス解釈を提示せよ、との宿題を頂戴し、いまだに果たしていない。

大庭健編・監訳でウィギンズ、マクダウェル、ブラックバーンそれぞれの倫理学論文集が勁草書房から刊行された（二〇一四年、二〇一六年、二〇一七年）。マクダウェルの巻で「徳と理性」、「倫理学における投射と真理」の訳を担当させて頂いた（「徳と理性」の訳は『思想』掲載版から大幅に改めた。つまりその旧訳には多々不備があった。旧拙訳の読者にお詫びを申し上げげる）。

二〇一二年一〇月二六日、北海道大学にて開催の第七回応用倫理学会会議で、ブラックバーン先生が講演され、筆者は特定質問をさせて頂いた。その晩の立食パーティで、応用倫理学のシュレーダー＝フレチェット先生から、ブラックバーン氏はあなたの質問にちゃんと答えなかったのになぜあなたは引き下がったのか、とお叱りを頂戴した。だがブラックバーン先生は後に、筆者の質問に対して文書の形で応答して下さり、さらにこれに対して筆者が応答した。筆者はこの一連のやりとりを哲学会第五五回研究発表大会（二〇一六年一〇月二九日、東京大学本郷キャンパス）で発表した（司会は高橋久一郎氏）。本書の補論はこれに基づく。

他にも、本書といくぶんか関係することとして、加藤尚武・児玉聡編・監訳『徳倫理学基本論文集』（勁草書房、二〇一五年）所収のS・D・ワルシュ「目的論、アリストテレス的徳、正しさ」の邦訳、マクダウェル『心と世界』の書評（「週刊読書人」二〇一二年五月二五日号）、ウィギンズ『ニーズ・価値・真理――ウィギンズ倫理学論文集』の書評（「図書新聞」三一八〇号、二〇一四年一一月一日刊）を手掛けた。また、二〇一五年の日本倫理学会大会中の主題別討議「最近の徳倫理学の展開」の実施責任者を務め、神崎繁、渡辺邦夫、立花幸司の三氏にご討議頂いた。

東北大学での筆者の授業や演習でもときどきマクダウェルを取り上げた。

入稿前の拙稿を村山達也氏にざっとご覧頂き、有益なご指摘を頂戴した。改善のやり方を思いつけなかった点もあるが、おかげで多くの誤りやわかりにくさを取り除くことができた。なお残る欠点の責任はすべて筆者にある。

本書執筆にあたり、右記の機会にご教示を下さるなど、お世話になった多くの方々、そして何より、編集者の土井氏に感謝する。

二〇一八年一〇月

荻原　理

索　引

＊見出し語が直接現れていなくても、その内容が話題になっている箇所については、ページ数を挙げた場合がある。
＊見出し語が書物や書物の章や論文のタイトルの中に現れる箇所については、それらのタイトルを独立の見出し語にした場合と、もとの見出し語の項目の下でページ数を挙げた場合がある。
＊項目の主要な意味からそれる用例のページ数には（　）を付した。

さ　行

や　行

ら　行

わ　行

外国語

文献表

この文献表は出版物の初出情報や再録情報を網羅するものではない．本書で特に取り上げた論文については比較的詳しく情報を与えている．本書の各章で主題的に取り上げたマクダウェルの論文や，それらのマクダウェル論文で主題的に取り上げられている論文・書物の初出情報は，本書各章の冒頭で与えられている．

外国語文献

Altham, J. E. J., and Harrison, R. (eds.) (1995), *World, Mind, and Ethics: Essays on the Ethical Philosophy of Bernard Williams*, Cambridge University Press.（初出としてここに収められた John McDowell, 'Might There Be External Reasons?' [pp. 387–98] は McDowell 1998a に再録されている.）

Anscombe, E. (1958), 'Modern Moral Philosophy', *Philosophy*, 33, pp. 1–19. Reprinted in Crisp & Slote, 1997 (pp. 26–44).（この論文の邦訳が大庭健編，奥田太郎・古田徹也監訳『現代倫理学基本論文集Ⅱ　規範倫理学篇』勁草書房〔近刊〕に収録される予定.）

Blackburn, S. (1981), 'Rule-Following and Moral Realism', in Holtzman & Leich 1981 (pp. 163–87).（この論文の邦訳がブラックバーン 2017 に収められている.）

—— (1984), *Spreading the Word: Groundings in the Philosophy of Language*, Oxford University Press.

—— (1993), *Essays in Quasi-Realism*, Oxford University Press.（ここに収録された論文のうち第 6, 7, 8, 9, 11 論文の邦訳がブラックバーン 2017 に収められている.）

—— (1998), *Ruling Passions: A Theory of Practical Reasoning*, Oxford University Press.（この Ch. 4, 'The Ethical Proposition: What It Is Not' の邦訳がブラックバーン 2017 [pp. 84–121] に収められている.）

—— (2012), 'One Cheer for Realism; One for Rationalism', 未公刊，第 7 回応

用倫理国際会議（北海道大学，2012年10月26日）で読まれた（邦訳はブラックバーン2014）.

Cavell, S.（1976）, *Must We Mean What We Say?*, Cambridge University Press.（これは再刊で，もとはCharles Scribner's Sons, 1969.）

Crisp, R., and Slote, M.（eds.）（1997）, *Virtue Ethics*, Oxford University Press.（Anscombe 1958; Bernard Williams, 'Morality, the Peculiar Institution'; Iris Murdoch, 'The Sovereignty of Good over Other Concepts'; John McDowell, 'Virtue and Reason' などを再録している［pp. 29-44, 45-65, 99-117, 141-62］.）

Fisher, A., and Kirchin, S.（eds.）（2006）, *Arguing about Metaethics*, Routledge.（McDowell, 'Values and Secondary Qualities', 'Non-Cognitivism and Rule-Following', 'Projection and Truth in Ethics'; Blackburn 1981 などを再録している［pp. 225-40, 453-69, 470-88, 489-99］.）

Foot, P.（1978）, *Virtues and Vices and Other Essays in Moral Philosophy*, Basil Blackwell. Reprinted with a new Preface, Oxford University Press, 2002.（Philippa Foot, 'Morality as a System of Hypothetical Imperatives' を収めている．この論文は，Smith 1995 にも Foot による 'Recantation 1994' とともに，また Schafer-Landau 2007, 2008; Sterba 2009 にも再録されている.）

Harrison, R.（ed.）（1980）, *Rational Action*, Cambridge University Press.（初出としてここに収められた Bernard Williams, 'Internal and External Reasons'［pp. 17-28］は Williams 1982; Schafer-Landau 2008 に再録されている.）

Holtzman, S., & Leich, C. M.（eds.）（1981）, *Wittgenstein: To Follow a Rule*, Routledge & Kegan Paul.（ここに初出として収められた John McDowell, 'Non-Cognitivism and Rule-Following'［pp. 141-62］は McDowell 1998a に再録されている．また，ここに Blackburn 1981 が収められている［pp. 163-87］.）

Honderich, T.（ed.）（1985）, *Morality and Objectivity*, Routledge and Kegan Paul.（初出としてここに収められた John McDowell, 'Values and Secondary Qualities'［pp. 110-29］は McDowell 1998a に再録されている.）

Hursthouse, R., Lawrence, G., and Quinn, W.（eds.）（1996）, *Virtues and Reasons: Philippa Foot and Moral Theory*, Clarendon Press.（初出としてここに収められた John McDowell, 'Two Sorts of Naturalism' は McDowell 1998a に再録されている.）

Johnson, R. N.（2003）, 'Virtue and Right', in *Ethics*, vol. 113, no. 4（July 2003）, the University of Chicago Press, pp. 400-8. Reprinted in Sterba 2009, pp.

810–34.（この論文の邦訳が加藤・児玉 2015 に収められている.）
MacDonald, C. & MacDonald, G.（eds.）（2006）, *McDowell and His Critics*, Blackwell.
MacIntyre, A.（1981）, *After Virtue*, Duckworth.（邦訳はマッキンタイア 1993.）
Mackie, J. L.（1976）, *Problems from Locke*, Clarendon Press.
——（1977）, *Ethics: Inventing Right and Wrong*, Pelican Books（reprinted, Penguin Books, 1990）.（邦訳はマッキー 1990.）
McDowell, J.（translated with Notes by）（1973）, *Plato:* Theaetetus, Clarendon Press.
——（1988）, 'Comments on T. H. Irwin's "Some Rational Aspects of Incontinence"', in *Southern Journal of Philosophy* 27（Supplement）, pp. 89–102.
——（1994［2nd ed. with a new introduction, 1996］）, *Mind and World*, Harvard University Press.（邦訳はマクダウェル 2012.）
——（1998a）, *Mind, Value, and Reality*, Harvard University Press.（そこに収められた John McDowell, 'Wittgenstein on Following a Rule'［pp. 221–62］の邦訳はマクダウェル 1985. また，この論文集の抄訳はマクダウェル 2016.）
——（1998b）, *Meaning, Knowledge, and Reality*, Harvard University Press.
——（2008）, 'Comment on Stanley Cavell's "Companionable Thinking"' in Alice Crary（ed.）, *Wittgenstein and the Moral Life: Essays in Honor of Cora Diamond*, The MIT Press, pp. 299–304.（邦訳はマクダウェル 2010.）
——（2009a）, *The Engaged Intellect: Philosophical Essays*, Harvard University Press.（そこに収められた John McDowell, 'Experiencing the World'［pp. 243–56］の邦訳はマクダウェル 2004. そこに収められた John McDowell, 'What Myth?'［pp. 308–23］の邦訳はマクダウェル 2008.）
——（2009b）, *Having the World in View: Essays on Kant, Hegel, and Sellars*, Harvard University Press.
Murdoch, I.（1970）, *The Sovereignty of Good*, Routledge and Kegan Paul.（邦訳はマードック 1992.）（そこに収められた Iris Murdoch, 'The Sovereignty of Good over Other Concepts' は Crisp & Slote, 1997; Schafer-Landau, 2008 に再録されている.）
Nagel, T.（1979）, *Mortal Questions*, Cambridge University Press.（邦訳はネーゲル 1989.）（この Ch. 14 は 'Subjective and Objective'［pp. 196–213］.）
Rorty, R.（1979）, *Philosophy and the Mirror of Nature*, Princeton University Press.（邦訳はローティ 1993.）

Russel, D. (2013), *The Cambridge Companion to Virtue Ethics*, Cambridge University Press.（邦訳はラッセル 2015.）

Schafer-Landau, R. (ed.) (2007), *Ethical Theory: An Anthology*, Blackwell.（Philippa Foot, 'Morality as a System of Hypothetical Imperatives' を収めている［pp. 153–9］.）

—— (ed.) (2008), *Metaethics*, 4 vols., Routledge.（vol. I は Iris Murdoch, 'The Sovereignty of Good over Other Concepts' を［pp. 168–85］, vol. II は John McDowell, 'Values and Secondary Qualities' を［pp. 248–60］, vol. IV は Foot, 'Morality as a System of Hypothetical Imperatives', Bernard Williams, 'Internal and External Reasons' を［pp. 133–41, 142–52］収めている．）

Smith, M. (ed.) (1995), *Meta-Ethics*, Dartmouth.（Philippa Foot, 'Morality as a System of Hypothetical Imperatives' および 'Recantation 1994', John McDowell, 'Are Moral Requirements Hypothetical Imperatives?' などを収めている［pp. 89–101, 103–119］.）

Sterba, J. P. (2009), *Ethics: The Big Questions*, 2nd ed., Wiley-Blackwell.（加藤・児玉 2015 はその抄訳．また Sterba 編のこのアンソロジーは Philippa Foot, 'Morality as a System of Hypothetical Imperatives' を収めている［pp. 140–8］.）

Walsh, S. D. (2009), 'Teleology, Aristotelian Virtue, and Right' in Sterba 2009 (pp. 409–18).（邦訳が加藤・児玉 2015 に収められている．）

Wiggins, D. (2002, Third edition amended［この版についてはウィギンズ 2014, pp. iii–iv 参照］), *Needs, Values, Truth*, Oxford University Press (1st ed. 1987).（Essay V は 'A Sensible Subjectivism?'［本論文集が初出．pp. 185–211］. Essays I, II, III, V の邦訳はウィギンズ 2014.）

Williams, B. (1981), *Moral Luck*, Cambridge University Press.（邦訳 B・ウィリアムズ，伊勢田哲治監訳『道徳的な運——哲学論集一九七三〜一九八〇』勁草書房〔近刊〕.）（Bernard Williams, 'Internal and External Reasons' を収めている［pp. 101–13］.）

—— (1985), *Ethics and the Limits of Philosophy*, Harvard University Press.（邦訳ウィリアムズ 1993）.（Ch. 10, 'Morality, the Peculiar Institution' は Crisp & Slote, 1997 に再録されている［pp. 45–65］.）

Wittgenstein, L. (2009), Part I of *Philosophical Investigations*, 4th ed., edited by P. M. S. Hacker and Joachim Schulte, Wiley-Blackwell.（原語ドイツ語と英訳．ウィトゲンシュタイン『哲学探究』〔『哲学的探究』,『哲学的探求』とも訳される〕には邦訳が複数ある．）

外国語文献の邦訳

ウィギンズ，デイヴィッド（2014），大庭健・奥田太郎編・監訳，奥田・都築貴博・古田徹也・萬屋博喜訳『ニーズ・価値・真理――ウィギンズ倫理学論文集』勁草書房（Wiggins 2002 の抄訳．第四章「賢明な主観主義？」は 233–86 頁）

ウィリアムズ，バナード〔本書本文では「バーナード」〕（1993），森際康友・下川潔訳『生き方について哲学は何が言えるか』産業図書（Williams 1985 の訳）

加藤尚武・児玉聡編・監訳（2015）『徳倫理学基本論文集』勁草書房（Sterba 2009 の抄訳）

ジョンソン，ロバート（2015），篠澤和久訳「徳と正しさ」，加藤・児玉 2015，255–93 頁（Johnson 2003 の訳）

ネーゲル，トマス（1989），永井均訳『コウモリであるとはどのようなことか』勁草書房（Nagel 1979 の訳．第 14 章「主観的と客観的」は 306–32 頁）

ブラックバーン，サイモン（2014），小林知恵訳「実在論へ声援を，合理主義へ喝采を」，『応用倫理』vol. 8，北海道大学大学院文学研究科応用倫理研究教育センター，19–28 頁（Blackburn 2012 の訳）

――（2017），大庭健編・監訳，小島明彦・福間聡・佐藤岳詩・児玉聡・林芳紀・矢島壮平訳『倫理的反実在論――ブラックバーン倫理学論文集』勁草書房（Blackburn 1981, Blackburn 1993 の Essays 6, 7, 8, 9, 11, Blackburn 1998 の Ch. 4 の邦訳）

マードック，アイリス（1992），菅豊彦・小林信行訳『善の至高性――プラトニズムの視点から』九州大学出版会（Murdoc 1970 の訳）

マクダウェル，ジョン（1985），永井均訳「規則に従うこと――ウィトゲンシュタインの見解」，『現代思想』13–14，青土社，64–102 頁（原語版は McDowell 1998a に収められている）

――（2004），荒畑靖宏訳「世界を経験する」，『現代思想』32–8，青土社，179–95 頁（原語版は McDowell 2009a に収められている）

――（2008），荻原理訳「何の神話が問題なのか」，『思想』第 1011 号（2008 年 7 月号），60–79 頁（原語版は McDowell 2009a に収められている）

――（2010），中川雄一訳「スタンリー・カヴェルの「伴侶的思考」についての論評」，コーラ・ダイアモンド，スタンリー・カヴェル，ジョン・マクダウェル，イアン・ハッキング，ケアリー・ウルフ『〈動物のいのち〉と哲学』春秋社，175–189 頁

── (2012), 神崎繁・河田健太郎・荒畑靖宏・村井忠康訳『心と世界』勁草書房（McDowell 1994 の訳）
── (2016), 大庭健監訳, 荻原理・村上友一・村井忠康・佐々木拓・荒畑靖宏訳『徳と理性──マクダウェル倫理学論文集』勁草書房（McDowell 1998a の抄訳〔収録論文については本書序章第 4 節を見よ〕)
マッキー, J. L. (1990), 加藤尚武監訳『倫理学── 道徳を創造する』哲書房（Mackie, 1977 の訳）
マッキンタイア, アラスデア (1993), 篠崎榮訳『美徳なき時代』みすず書房（McIntyre 1981 の訳）
ラッセル, ダニエル・C. 編 (2015), 立花幸司監訳, 相澤康隆・稲村一隆・佐良土茂樹訳『ケンブリッジ・コンパニオン　徳倫理学』春秋社（Russel 2013 の訳）
ローティ, リチャード (1993), 野家啓一監訳, 伊藤春樹・須藤訓任・野家伸也・柴田正良訳『哲学と自然の鏡』産業図書（Rorty 1979 の訳）
ワルシュ, S. D. (2015), 荻原理訳「目的論, アリストテレス的徳, 正しさ」, 加藤・児玉 2015, 295–312 頁（Walsh 2009 の訳）

邦語文献（外国語文献の邦訳を除く）

青山拓央 (2012)『分析哲学講義』ちくま新書
大庭健（責任編集, 2002）『現代倫理学辞典』弘文堂
荻原理 (2008)「われわれがしていることにめまいをおぼえてはならない──ジョン・マクダウェル「徳と理性」解説──」,『思想』第 1011 号（2008 年 7 月号）80–96 頁
── (2011)「中畑のマクダウェル理解について」, 古代哲学会編『古代哲学研究』第 XLIII 号, 32–6 頁
── (2012)「書評 ジョン・マクダウェル『心と世界』」,「週刊読書人」2012 年 5 月 25 日号
── (2013)「中畑の応答を受けて」, 古代哲学会編『古代哲学研究』第 XLV 号, 59–61 頁
中畑正志 (2010)「アリストテレスの言い分──倫理的な知のあり方をめぐって」, 古代哲学会編『古代哲学研究』第 XLII 号, 1–30 頁
── (2012)「荻原の批判に答えて」同誌第 XLIV 号, 60–5 頁
松永雄二 (1993)『知と不知── プラトン哲学研究序説』東京大学出版会

著者略歴

1967年　埼玉県に生まれる
2000年　東京大学大学院人文社会系研究科博士課程単位取得退学
2002年　米国ペンシルヴァニア大学大学院博士課程修了（Ph.D.）
現　在　東北大学大学院文学研究科准教授
共著書　*Plato's* Phaedo（Academia Verlag, 2018）
　　　　Presocratics and Plato（Parmenides Publishing, 2013）
共訳書　マクダウェル『徳と理性』（勁草書房，2016）

マクダウェルの倫理学　『徳と理性』を読む

2019年 2 月 10 日　第 1 版第 1 刷発行

著　者　荻《おぎ》　原《はら》　　理《さとし》

発行者　井　村　寿　人

発行所　株式会社　勁《けい》　草《そう》　書　房

112-0005 東京都文京区水道 2-1-1　振替 00150-2-175253
（編集）電話 03-3815-5277／FAX 03-3814-6968
（営業）電話 03-3814-6861／FAX 03-3814-6854
三秀舎・松岳社

ISBN978-4-326-15458-6　　Printed in Japan

J・マクダウェル　徳と理性　マクダウェル倫理学論文集　大庭健編・監訳　三三〇〇円

S・ブラックバーン　倫理的反実在論　ブラックバーン倫理学論文集　大庭健編・監訳　三八〇〇円

D・ウィギンズ　ニーズ・価値・真理　ウィギンズ倫理学論文集　大庭・奥田編・監訳　三七〇〇円

加藤尚武
児玉聡　編　徳倫理学基本論文集　加藤・児玉監訳　三七〇〇円
（フット、ストッカー、ウルフ、ヌスバウム、アナス、クリスプ、ハーストハウス、ジョンソン、ワルシュ）

J・マクダウェル　心と世界　神崎・河田ほか訳　三七〇〇円

佐藤岳詩　メタ倫理学入門　道徳のそもそもを考える　A5判　三〇〇〇円

赤林朗
児玉聡　編　入門・倫理学　A5判　三二〇〇円

菅豊彦　アリストテレス『ニコマコス倫理学』を読む　幸福とは何か　四六判　二三〇〇円

＊表示価格は二〇一九年二月現在。消費税は含まれておりません。